AF283174

Espiral/Fundamentos

ANA CONTRERAS ELVIRA (ED.)

PRIMER TEATRO ANTIRRACISTA

La esclavitud de los negros o El feliz naufragio,
de Olympe de Gouges

Traducción de Julio Escalada

Cuatro santos en tres actos,
de Gertrude Stein

Traducción de Lola Fernández de Sevilla

Colección Espiral,
serie teatro

Editorial Fundamentos está orgullosa de contribuir con más del 0,7% de sus ingresos a paliar el desequilibrio frente a los Países en Vías de Desarrollo y a fomentar el respeto a los Derechos Humanos a través de diversas ONG.

Este libro ha sido impreso en papel ecológico, procedente de bosques gestionados de manera sostenible y elaborado sin utilizar gas de cloro (PEFC, ECF).

Esta obra ha recibido una ayuda a la edición del Ministerio de Cultura

Publicaciones de la Real Escuela Superior de Arte Dramático (RESAD)
Presidente de honor: Ricardo Doménech
Director de la RESAD: Juan José de la Fuente
Secretario: Emeterio Diez
Directora de la Colección Biblioteca Temática RESAD: Ana Contreras Elvira
Consejo Editorial: Felisa de Blas, Juan Carlos Díaz, Ana Contreras Elvira, Juan Pedro Enrile, Julio Escalada, Mariano Gracia, Tomás Repila

© de la edición e introducción, Ana Contreras Elvira
© de la traducción de *La esclavitud de los negros*, Julio Escalada
© de la traducción de *Cuatro santos en tres actos*, Lola Fernández de Sevilla
© Editorial Fundamentos
 En la lengua española para todos los países
 Ríos Rosas, 44A. 28003 Madrid. Tel.: 913 199 619
 fundamentos@fundamentos.es
 www.fundamentos.es

Primera edición, 2025
ISBN: 978-84-245-1447-1
Depósito legal: M-27 700-2025

Impreso en España. Printed in Spain
Composición: Editorial Fundamentos
Impreso por Pulmen, S.L.L.

Diseño de cubierta: Paula Serraller; imagen de cubierta: estreno de *Four Saints in Three Acts* en el Wadsworth Atheneum, Hartford (Connecticut, EE UU), 1934. Photo: Harold Swahn.

Respetar la propiedad intelectual fomenta la creatividad. Cualquier forma de reproducción, distribución, comunicación pública y/o transformación total o parcial de esta obra solo puede realizarse previa autorización de los titulares del *copyright*, salvo excepción prevista por la ley. Si necesita fotocopiar, fotografiar o escanear algún fragmento, diríjase a CEDRO (Centro Español de Derechos Reprográficos, www.cedro.org, 917 021 970).

Índice

Textos

Estudio preliminar

Me da pena tu feminismo blanco
Mi melanina mola más que tu vagina
MALVIN PUERCA DE GOMA

1. INTRODUCCIÓN

Este volumen recoge dos de los textos fundacionales del teatro anti-rracista, aunque en puridad habría que matizar que son dos textos teatrales fundacionales del antirracismo feminista blanco: *Zamore et Mirza ou L'Esclavage des Noirs* (1784), de Olympe de Gouges y *Four Saints in Three Acts* (1927-28), de Gertrude Stein, con traducción de los dramaturgos Julio Escalada y Lola Fernández de Sevilla, respectivamente. Para otra ocasión queda, lamentablemente, ofrecer a las lectoras y lectores en castellano traducciones de obras fundamentales de las pioneras del teatro activista afroamericano y caribeño, y de algún modo madres del feminismo negro, como *Peculiar Sam, or the Underground Railroad, A Musical Drama in Four Acts* de Elizabeth Hopkins (1859-1930), estrenada en 1880, *Aunt Betsy's Thanksgiving* (c. 1914) de Katherine D. Chapman Tillman (1870-1923), o *Rachel* (1916) de Angelina Weld Grimké (1880-1958), por citar algunas.

El origen de este proyecto editorial proviene del trabajo de investigación y pedagogía colaborativa: ¡Fueras de serie! llevado a cabo en la Real Escuela Superior de Arte Dramático de Madrid (RESAD) durante el curso 2013-2014, desarrollado con el alumnado de 3º de Dirección escénica y 3º de Escenografía, dirigido por las profesoras Alicia Blas y Ana Contreras, y al que se sumaron muchos otros docentes y alumnado del centro. El proyecto consistió en la realización de montajes escénicos a partir de textos fundamentales de autoras importantes de la historia de la literatura dramática que, sin embargo, no se habían traducido al castellano y/o estrenado en España. La primera labor fue traducir las obras escogidas, entre las que se encontraban las que ahora presentamos en este volumen, fruto, por lo tanto, del trabajo pedagógico e investigador de la comunidad educativa de la RESAD, que de esta manera se pone al servicio de la sociedad en general.

El interés del volumen radica en que es la primera traducción al castellano de obras teatrales de estas dos grandes autoras: la revolucionaria francesa, dramaturga de la Comédie-Française y pionera feminista con su texto "Los derechos de la mujer y de la ciudadana" (1791), Olympe de Gouges; y la escritora vanguardista, activista lésbica y mecenas de grandes artistas, Gertrude Stein. De ese modo, relacionando ambos textos y autoras, contribuimos a comprender la aportación de las mujeres y el teatro en la historia del antirracismo.

Zamor y Mirza o La esclavitud de los negros, de Olympe de Gouges, es una obra fundamental en los estudios culturales por tratarse del primer texto teatral en la historia que contiene una defensa de la igualdad de todos los seres humanos y un discurso antiesclavista. De hecho, la obra se ha publicado siempre precedida de un alegato en contra de la esclavitud escrito por la autora: la primera edición en 1788 incluía su ensayo *Réflexions sur les hommes nègres (Reflexiones sobre los hombres de raza negra)*, que le abrió las puertas de la Société des amis des Noirs (Asociación de los amigos de los negros) de la que fue miembro; y la edición de 1792, justo tras la revolución de Haití, un "Prefacio" dirigido a los "hombres negros". Por su interés, en esta ocasión incluimos los dos. La autora escribió cuatro versiones de la obra para adaptarla a las distintas exigencias de la Comédie y a las circunstancias históricas que se precipitaron en esos años. La fama de Gouges y su confrontación con los intereses coloniales de Francia en ese momento conllevaron su encarcelamiento por un breve tiempo. La última versión de la obra es de 1793, año de su ejecución, y un año antes de que se aboliera la esclavitud en Francia. Aparte de las dos versiones dirigidas por Beatriz Santiago y Amelia Die en la RESAD dentro del proyecto pedagógico mencionado, la pieza fue reestrenada como lectura dramatizada en el Studio-Théâtre de la Comédie-Française el 18 de octubre de 2004 en el ciclo: "Comédie-Française: Les temps retrouvés", con el texto del estreno de 1789. Nuestra traducción sigue la edición de 1792.

Cuatro santos en tres actos, de Gertrude Stein, es una obra sobre santa Teresa y otros 20 santos españoles reales e inventados, que se desarrolla en Ávila y Barcelona, y que se convirtió en ópera con música del compositor norteamericano Virgil Thomson. Si la dramaturgia hace de este texto una obra fundacional de la vanguardia americana y el teatro posdramático, la puesta en escena se convirtió en un hito tanto en la historia de la ópera como en la del antirracismo. Lo que destacó en la misma es que parte del equipo y todo el elenco estuvo conformado por actores, bailarines y cantantes afroamericanos. De este modo, los autores Stein y Thomson, según algunos, quisieron homenajear la santidad del pueblo negro en un país segregacionista, como era entonces EE UU. Otorgar voces y cuerpos negros a unos personajes *a priori* blancos sobre el papel implicaba un contundente discurso estético, ético, político y social. Tras el estreno de 1934 la ópera se ha representado como concierto, pero solo ha tenido otra representación importante, dirigida y diseñada por Robert Wilson en 1996, y recientemente, en 2022, en forma de unipersonal, interpretado por el dramaturgo y actor ganador de 6 Obies David Greenspan, amén de la versión de Fuensanta Morales dentro del proyecto pedagógico mencionado. En España ha podido verse también en 2016 la versión de la compañía portuguesa Teatro do Bairro y la productora Ar de Filmes para 21 actores y bailarines, dirigida por Antonio Pires con texto de Luísa Costa Gomes.

Podemos afirmar que ambas obras son las más relevantes de las autoras, tanto en su momento como en la posteridad. Curiosamente, existen traducciones de otros trabajos literarios de ambas –no demasiados–, pero ninguno fruto de su faceta como dramaturgas. Confiamos, por lo tanto, en que esta edición permitirá conocer mejor a unas autoras que están siendo objeto de gran interés por parte del público lector español, como lo demuestra la reciente publicación de: *Camino a la guillotina. Escritos políticos de Olympe de Gouges* (Contraescritura, 2023), única edición moderna de textos de la autora francesa, y las biografías sobre la misma de Laura Manzanera *(Olympe de Gouges, la cronista maldita de la Revolución Francesa,* Intervención cultural, 2010); Isabel Medina *(Olympe de Gouges. La libertad por bandera,* Izana, 2016); o el volumen de *Mujeres en la historia (3): Ilustración* (2016), entre otras ya descatalogadas, así como la obra teatral *Olimpia de Gouges,* de Margarita Borja, publicada, junto a distintos materiales de la puesta en escena, en el volumen *Olimpia de Gouges o la pasión de existir* (Universidad Jaime I, 2011).

En el caso de Gertrude Stein, pueden encontrarse traducidas al castellano varias ediciones muy recientes de su obra en prosa. En concreto: *Ser americanos, Botones blandos, Q.E.D., Autobiografía de Alice B. Tocklas, Guerras que he visto, Relatos, Retratos, Tres vidas, Picasso, París Francia*. El interés social por esta autora no ha dejado de crecer desde el estreno en 2011 de la película de Woody Allen *Midnight in Paris*, en la que Stein, interpretada por la actriz Cathy Bates, es el personaje protagonista; amén de los varios homenajes rendidos últimamente en el mundo de las artes plásticas a nivel nacional e internacional.

Pero, además, el volumen pone de relevancia una faceta compartida por ambas autoras y poco conocida por el público generalista, como es su decidida lucha antirracista. Los momentos y lugares en los que se escribieron y estrenaron las obras, aunque alejados geográfica y temporalmente, tienen en común el ser espacios-tiempos de crisis (la Revolución francesa y la Gran Depresión americana, respectivamente) en los que existe la esclavitud y la segregación racial, dos nomenclaturas distintas para una realidad similar: el racismo estructural. Casualmente, esta publicación coincide de algún modo con el Decenio Internacional de los Afrodescendientes, una iniciativa de las Naciones Unidas que declaró los años comprendidos entre 2015 y 2024 como un período crucial para la creación de nuevas narrativas y la producción de reflexiones críticas que cuestionen el racismo estructural y la inequidad.

2. ESCLAVITUD, SEGREGACIONISMO Y ANTIRRACISMO EN OCCIDENTE EN LA MODERNIDAD Y LA ÉPOCA CONTEMPORÁNEA

Nosotros somos negros, es verdad, pero dígannos caballeros [...], ¿cuál es la ley que dice que el hombre negro debe pertenecer al hombre blanco? Definitivamente ustedes no podrán mostrarnos dónde ella existe, si no es en otro lugar que su imaginación, siempre propensa a crear nuevas fantasías con tal de que los favorezca.[1]

---

[1] Extracto de la carta escrita por los revolucionarios esclavos haitianos Jean-François Biassou y Toussaint Louverture a las autoridades francesas en la colonia de Saint Domingue, en julio de 1792. Aristide, J, Nesbitt, N (comp.), *Toussaint Louverture, The Haitian Revolution*, Londres, Verso, 2009, pp. 5-6. Citado en: Juan Francisco Martínez Peria, "Cautivos del Clima. El problema de la esclavitud en el pensamiento de

La esclavitud es una práctica que ha existido en distintas culturas y tiempos, desde Mesopotamia hasta la época contemporánea. En culturas como la azteca, india, china y vikinga era habitual en la Antigüedad, en gran parte debida a capturas de guerra. Especial relevancia tuvo en el mundo grecolatino, y bien podemos afirmar que el florecimiento tanto de la cultura griega clásica como del Imperio romano se deben al trabajo de los esclavos. Actualmente se sabe que tres cuartos de la población era esclava en Grecia. En el caso romano los derechos de propiedad, vida y muerte del *paterfamilias* sobre la mujer, los esclavos y los hijos estaban perfectamente legislados. En la Edad Media en Europa la esclavitud subsistió, y Génova y Venecia fueron los grandes mercados de esclavos entre los siglos xiii y xv. De manera análoga prosperó el comercio berberisco de esclavos en el norte de África, sobre todo bajo imperio otomano: entre 1530 y 1780, los mercados musulmanes de Túnez, Argel, etc., traficaron aproximadamente con un millón y cuarto de esclavos cristianos, principalmente europeos. Un relato de uno de estos esclavos puede encontrarse en el *Viaje de Turquía,* hito de la literatura castellana de finales del xvi, amén de las referencias que pueden leerse en distintos escritos de Cervantes, esclavo él mismo en Argel durante cinco años. La historia del movimiento antiesclavista ha corrido paralela a la de la esclavitud. En la Biblia se describe el relato de la huida de los esclavos israelitas de Egipto, y de sobra conocida es la rebelión de Espartaco en Roma, por mencionar dos ejemplos obvios.

Ahora bien, la historia que nos interesa aquí es la de la esclavización de personas negras de origen africano para beneficio de las potencias coloniales europeas en la Modernidad, y la de su emancipación en la Edad Contemporánea, en relación con el teatro. España y Portugal fueron las potencias pioneras en esta práctica a principios del siglo xvi, mientras que Gran Bretaña, Francia y Holanda lo hicieron a partir del xvii.

En las colonias españolas de América –incluidos territorios que después formarían parte de EE UU–, se introdujeron esclavos africanos en algunas zonas en 1511, y de manera generalizada a partir de 1540[2]. El motivo fue la abolición parcial de la esclavitud de los pueblos originarios, muy diezmados de todos modos por distintas razones,

Montesquieu", *Bajo Palabra. Revista de Filosofía* 5, 2010, pp. 215-228: 216; ISSN-e 1887-505X, ISSN 1576-3935
[2] Los Reyes Católicos permitieron la introducción de algunas partidas de esclavos africanos, pero no de manera generalizada.

por las Leyes de Burgos (o *Reales ordenanzas dadas para el buen regimiento y tratamiento de los indios*) promulgadas por Fernando El Católico en 1512, y definitivamente en 1542 con las Leyes Nuevas (o *Leyes y ordenanzas nuevamente hechas por su Majestad para la gobernación de las Indias y buen tratamiento y conservación de los indios*), dictadas por Carlos I a partir de sus conversaciones con Bartolomé de las Casas[3], aunque en la práctica apenas se aplicaron. El tráfico y empleo de esclavos negros en España y sus colonias americanas y africanas continuó durante siglos.

En Virginia, la primera colonia británica (fundada en 1587, aunque no se estableció definitivamente hasta 1607), los primeros esclavos africanos llegaron en agosto de 1619 provenientes de un barco negrero portugués capturado. Nada extraño si tenemos en cuenta que Portugal fue la potencia principal en el tráfico trasatlántico de esclavos en los casi 400 años que duró esta práctica. De hecho, Lisboa, Sevilla y Cádiz fueron los principales puertos dedicados a la importación y exportación de esclavos.

En las colonias francesas la introducción de esclavos africanos fue autorizada por Richelieu en 1626, si bien esta realidad no era demasiado conocida en la metrópoli, donde la esclavitud había sido prohibida en 1571. Desde entonces, cualquier esclavo que arribara a suelo francés automáticamente obtenía la libertad y la conservaba, aunque retornara a las Antillas. Unos años más tarde, en 1642, Luis XIII ratificaría el permiso para la trata de esclavos a condición de que se convirtiesen al cristianismo, y en 1685 Luis XIV promulgó el Code Noir (Código negro). Inspirado por Colbert, este código reguló las condiciones de la esclavitud en el Imperio colonial francés hasta su abolición parcial en 1794, pues se siguió permitiendo la trata en los territorios de Reunión y Mauricio. La abolición duró poco; Bonaparte volvió a instaurar la esclavitud y el Código negro en 1802, hasta su abolición definitiva en 1815, si bien se mantuvo de forma ilegal hasta 1848. Curiosamente, y pese a las presiones de los colonos, Luis XIV[4] se negó a derogar el

---

[3] De las Casas escribió su famosa *Brevísima relación de la destrucción de las Indias* en la que abogaba por la introducción de esclavos negros para sustituir el trabajo de los esclavos indígenas, pero después se retractó y escribió un opúsculo titulado *Brevísima relación de la destrucción de África* denunciando el abuso de portugueses y españoles, que no se publicó hasta 1875.
[4] No se extraña la negativa del rey si tenemos en cuenta que Luis XIV y su esposa, María Teresa de Austria, al parecer, tuvieron una hija de piel negra, nacida el 16 de noviembre de 1664. Esta niña desapareció de la corte y fue llevada al convento de Moret, donde vivió y profesó como monja con el nombre de Louise Marie Thérèse hasta

privilegio de la tierra francesa, si bien a su muerte, en 1715, se permite a los colonos llevar sus esclavos a Francia sin perder sus prerrogativas sobre ellos, por lo que el país empieza a poblarse de servicio doméstico negro y mestizo.

Para evitar el aumento de su número y la mezcla de sangre, Luis XV limita la permanencia de esclavos a tres años, y en 1762 emprende un censo de "negros y mulatos"[5]. Luis XVI, por su parte, en 1777 firma una serie de medidas denominadas "Policía de negros", y el 5 de abril de 1778 promulga un edicto por el que se prohíben los matrimonios entre "blancos, negros, mulatos y otras gentes de color". La palabra 'negro', en este momento, deja de designar solamente el color de la piel para connotar la situación de esclavitud.[6]

Como explica Richard S. Newman (2018: 5), la lucha abolicionista tiene múltiples agentes: esclavos que protagonizan motines, rebeliones, fugas y que incluso crearon sus propios poblados o palenques en zonas ignotas de las colonias, libertos, activistas negros o mestizos y reformistas blancos de distintos tipos.

En Francia, en el siglo XVIII, antes de De Gouges, escriben en contra de la esclavitud Montesquieu, en El espíritu de las leyes de 1748 (si bien afirma que en determinados climas está justificada) y Condorcet, en "Reflexiones sobre la esclavitud de los negros" de 1781. Además, Jaucourt escribe la entrada "esclavitud" de la Enciclopedia en 1755, cosa reseñable porque el famoso Diccionario de la lengua inglesa de Samuel Johnson de 1750 no recoge las voces 'esclavitud' ni 'abolicionismo'.

En 1787 el revolucionario girondino Jacques Pierre Brissot asiste en Londres a las reuniones de la Society for Effecting the Abolition of the Slave Trade (Sociedad para efectuar la abolición del tráfico de esclavos). A su vuelta a París funda la Société des amis des Noirs (Sociedad de los amigos de los negros) en febrero de 1788, con el objetivo

---

su muerte en 1732. Conocida como la Monja Negra de Moret o la Mora de Moret, su existencia fue objeto de numerosos rumores: para algunos era hija de ambos reyes y el color de su piel se debía a una enfermedad o a los antepasados italianos de la madre. Según otros, era hija de la reina y un sirviente, o de Luis XIV y una joven negra que representaba los papeles de salvaje en las representaciones de la corte.

[5] Hoy día la palabra 'mulata/o' se considera ofensiva porque proviene de 'mula/o', es decir, de la mezcla de caballo y burro, lo que supone no solo comparar a las personas mestizas con animales y afirmar que uno de sus linajes es superior al otro, sino además negarles simbólicamente la posibilidad de descendencia. En este estudio la empleamos cuando aparece así en las legislaciones y documentos de la época aludidos.

[6] Sue Peabody, "Race, Slavery, and the Law in Early Modern France.", The Historian 56(3), 1994, p. 509.

de abolir la esclavitud. Entre otros, se cuentan entre sus miembros personalidades tan importantes como Olympe de Gouges, Etienne Clavière, el conde de Mirabeau, Lafayette, La Rochefoucauld y el abad Grégoire, todas con un papel destacado en la Revolución. Una Revolución que, al instaurarse en el poder, no abole la esclavitud en las colonias ya que, al fin y al cabo, una tercera parte de la economía de Francia provenía de la explotación de la fuerza de trabajo esclava. Esto provoca el estallido de una violenta revolución en Haití en 1791, que dura hasta 1804, pero que lleva a Robespierre a declarar la abolición de la esclavitud en 1794.

En España es destacable el hecho de que la Constitución de Cádiz de 1812 no aboliera la esclavitud. El primer intento tuvo lugar en 1817, cuando la presión de las potencias europeas llevó a Fernando VII a abolirla, si bien con matices y un margen de varios años en su aplicación. Durante el reinado de su hija Isabel I, y sobre todo en el periodo de regencia de María Cristina, enriquecida gracias a esta institución, se mantiene la esclavitud en las colonias. La primera Sociedad Abolicionista Española no se funda hasta casi un siglo después que en Francia e Italia, el 2 de abril de 1865, por iniciativa del hacendado puertorriqueño Julio Vizcarrondo, quien se había afincado en la península después de haber liberado a sus esclavos y ese mismo año crea el periódico *El Abolicionista*. La Sociedad contó entre sus miembros con destacados políticos que fraguaron "la Gloriosa" Revolución de 1868. Fruto de esta labor en 1873 se aprueba la abolición de la esclavitud en Puerto Rico, dos años después de que fuera derogada en las colonias de Portugal[7], y en 1880 en Cuba, aunque de manera definitiva en todas las colonias en 1886.

En Gran Bretaña los esfuerzos de los abolicionistas conducen a la prohibición de la trata de esclavos en 1807, a la vez que se abole en EE UU, pero no así la posesión. La derogación de la esclavitud en las colonias británicas no se produce hasta 1833, y la definitiva emancipación en 1838. Antes, los cuáqueros habían llevado a cabo distintas acciones en la América colonial. La primera fue la denominada "Germantown protest" en 1688, protagonizada por emigrantes alemanes quienes pedían a sus hermanos cuáqueros seguir la regla: "trata a otros como quieras ser tratado". Estas ideas pasaron al resto de la sociedad gracias al impulso de distintas personas, entre las que cabe

---

[7] Portugal había abolido la esclavitud en su territorio europeo, las islas atlánticas de Azores y Madeira y sus territorios en India en 1761.

mencionar al maestro cuáquero Anthony Benezet. En cuanto a las rebeliones protagonizadas por esclavos organizados destaca la de Stono en Carolina del Sur en 1739, liderada por Jemmy "Coto", que se considera la primera. En Londres sobresale, entre otros, la labor del comerciante Granville Sharp, quien se dedicó a defender a numerosos esclavos ante los tribunales. El más famoso fue el caso de James Sommerset, esclavo de un negrero de Massachusetts que recalaba en la ciudad. El juez Lord Mansfield decretó que la esclavitud no podía consentirse en suelo inglés y liberó a 15 000 esclavos en Gran Bretaña, aunque no en las colonias. Sharp además creó la provincia de Freedom en Sierra Leona y es considerado uno de los fundadores del país.

Estados Unidos proclama su Declaración de Independencia en 1776 (si bien esta no tiene lugar definitivamente hasta 1783, y hasta 1787 no se redacta la Constitución), y a su albur muchos independentistas hacen alegatos abolicionistas, pues consideran que la esclavitud contradice los ideales de la nueva nación. Muchos afroamericanos se unieron a la causa patriota dando origen al activismo interracial. Aun así, la esclavitud siguió siendo legal en todos los estados tras la independencia excepto en Vermont desde 1777. Tras la Declaración de Independencia se empiezan a crear las primeras organizaciones abolicionistas (Nueva York, Connecticut, New Jersey, Mariland...). Benjamin Franklin y Benjamin Rush, ambos firmantes de la Declaración, dirigieron sucesivamente la Pennsylvania Abolition Society (Sociedad Abolicionista de Pensilvania), la primera del país, fundada en 1775. Fue sin duda la más importante y ayudó a cientos de esclavos, pero paradójicamente ni ésta ni el resto de las sociedades abolicionistas del país admitieron a personas negras como miembros, aunque hubo alguna excepción. Por ejemplo, en Massachusetts llama la atención el caso de Elizabeth Freeman y Quock Walker. Ambas huyeron de sus amos y se aliaron con abogados blancos que defendieron su causa ante los tribunales. Como resultado el juez William Cushing sentenció que la esclavitud era incompatible con la Constitución del estado y liberó a 2 000 perosonas. Algunos estados, como Pensilvania en 1780, promulgaron leyes gradualistas para liberar a los esclavos nacidos tras la Declaración de Independencia a una cierta edad.

En las primeras décadas del xix surge un gran activismo negro, sobre todo tras la Revolución de Haití, que sin duda sirvió de acicate. De un lado hubo muchos levantamientos de esclavos, entre los más famosos están los de Denmark Vesey en 1822 y Nat Turner en 1831, y, de otro, antiguos esclavos se involucraron en la lucha escribiendo manifiestos y fundando sociedades, escuelas e iglesias por y para afroamericanos. En 1830, por ejemplo, se habían publicado 1 800 documentos escritos por afroamericanos. Algunos nombres destacables de este periodo son los de Absalom Jones y Richard Allen, quienes fundaron la Free African Society. Este último, además, publicó una llamada a los dueños de esclavos por la manumisión de los mismos, que se difundió ampliamente. Por su parte, Maria W. Stewart escribió un manifiesto en 1831 en el que proponía la fuerza física para conseguir la libertad y animaba a las mujeres negras a educarse para ser independientes. Por su parte la activista y política sureña blanca Angelina Emily Grimké (1805-1879), muy criticada por impartir conferencias ante audiencias mixtas, fue la primera mujer en hablar ante una cámara legislativa en EE UU cuando fue invitada a presentar ante el Senado de Massachusetts la causa antiesclavista promovida por mujeres.

En esta época y hasta mediados de siglo surge el denominado Ferrocarril Subterráneo, un sistema de caminos y casas seguras para permitir a esclavos fugados llegar a Canadá o México. Una de las personas que ayudó a más personas a escapar fue Harriet Tubman (1822-1913), registrada al nacer como Araminta Ross. En 1850 se promulga una Ley de Esclavos Fugitivos que reaviva la causa abolicionista. En esta etapa, entre otros nombres destacan los de Mary Ann Shadd Cary (1823-1893), primera editora negra en EE UU y abogada, Samuel Ringgold Ward (1817-1866), autor de *Autobiography of a Fugitive Negro: his anti-slavery labours in the United States, Canada and England* de 1853, y, por supuesto, Sojourner Truth (1797-1883), de sobra conocida por su discurso "Ain't I a Woman?" pronunciado en 1851 en la Convención de los derechos de la mujer de Ohio.

En definitiva, la abolición en EE UU se declara muy tardíamente, en 1860, tras las elecciones presidenciales de ese año. Este hecho será el detonante para el estallido de la Guerra de Secesión al año siguiente. Tras la victoria de la Unión, en 1865 se modifica la Constitución para otorgar la libertad y todos los derechos a las personas negras.

En general a lo largo del xix se fue aboliendo la trata y la esclavitud en todos los países paulatinamente, generalmente adoptando medidas intermedias y gradualistas, con alguna excepción, como la de Mauritania, que fue el último país en abolir la esclavitud en 1980.

Pero la abolición de la esclavitud no condujo a la extinción del racismo. En Estados Unidos, país que nos interesa especialmente para enmarcar el estreno de *Cuatro santos en tres actos*, a partir de 1865 algunos estados adoptaron numerosas leyes de segregación racial. En 1892 tuvo lugar el caso que condujo a la generalización de esta práctica. Con el objetivo de oponerse a la recién promulgada Ley de Acomodación Ferroviaria de Luisiana que imponía la segregación, el zapatero y activista de los derechos civiles Homer Plessy, miembro del Comité de Ciudadanos de Nueva Orleans, fue elegido para subirse a un vagón de blancos con un billete de primera clase y esperar a ser detenido. Su juicio dio lugar a la sentencia del Tribunal Supremo que otorgó sanción federal a la segregación, generando las denominadas leyes Jim Crow[8] basadas en la doctrina "separados pero iguales". Es decir, la segregación se crea y generaliza en EE UU en la última década del siglo XIX. En el mismo periodo se funda y extiende el concepto de raza cuando determinadas campañas políticas y sociales usan estudios científicos para promover sus agendas arguyendo que ciertas minorías étnicas son biológicamente diferentes. De este modo la raza se inventa incluyendo no solo la apariencia física, sino también determinadas expectativas y narrativas sobre la historia y el comportamiento de una persona, racializando la mirada y generalizando el racismo (Young, 2013: 5-7).

Las leyes segregacionistas siguieron teniendo validez hasta 1954, cuando se anularon a partir del caso *Brown contra el consejo de Educación de Topeka, Kansas*[9]. En esta sentencia unánime, el Tribunal Supremo determinó que la doctrina era intrínsecamente desigual y violaba la 14ª enmienda.

3. NEGRITUD EN ESCENA

Desde que comienza la trata de esclavos africanos hay vestigios en la escena occidental tanto de la presencia de intérpretes negros[10] como

---

[8] El nombre se atribuye al personaje del espectáculo de *blackface* "Jump Jim Crow", interpretado por el actor blanco Thomas Dartmouth Rice, estrenado en 1832, y que pocos años después, en 1838, se utilizaba como expresión peyorativa para referirse a los afroamericanos.

[9] El caso se inició cuando el sistema de escuelas públicas negó la matriculación de una niña en la escuela primaria más cercana a su casa y la obligó a viajar en autobús a una escuela segregada. Las familias negras residentes en Topeka se unieron y denunciaron a la Junta de educación dando pie a esta sentencia histórica que acabó con las Leyes Jim Crow.

[10] En la representación del entremés *Las dueñas* de Quiñones de Benavente en el siglo XVII, por ejemplo, los actores fueron: Manuel de Coca, Treviño, Frutos y el Negro de Andrés de la Vega. No tienen por qué ser casos aislados. En el XVIII hay constancia de que algunos actores y actrices tenían esclavos, como María de Ladvenant, y es

de personajes negros. El más famoso de estos últimos es sin duda el Otelo de Shakespeare. En España hay constancia de una alta presencia de africanos en el siglo XV, población que alcanza su cénit en el XVI (entre 100 000 y 3 000 000). Ricardo de la Fuente Ballesteros asegura que

el tipo del negro en la literatura española hay que retraerlo a las *Coplas a los negros y negras,* de Rodrigo de Reinosa, como primera muestra, del que luego sería personaje popular en el teatro de la primera mitad del XVI. Así lo vemos aparecer cinco veces en la obra de Diego Sánchez de Badajoz: *Farsa theologal, Farsa de la hechicera, Farsa de la ventera, Farsa de la Fortuna* y *Farsa de Moysé;* en los pasos de Lope de Rueda; en la *Comedia Tesorina,* de Jaime de Güete; en la *Segunda Celestina,* de Federico de Silva; en la *Comedia Pródiga,* de Luis de Miranda. De todas formas, el tipo se representa por vez primera en la poesía portuguesa, así en el *Cancionero Geral* de la segunda mitad del XV, y fue introducido por Gil Vicente en algunas obras.[11]

Durante el siglo XVII aparece en numerosas obras de Luis Quiñones de Benavente, Tirso de Molina, Felipe Godínez, Calderón de la Barca, entre otros, casi siempre como personajes risibles. Destacan por el protagonismo y dignificación del personaje *El valiente negro en Flandes,* de Andrés de Claramonte, *Juan Latino,* de Ximénez Enciso, las comedias de santos de Lope de Vega: *El negro del mejor amo, Antíobo de Cerdeña, El santo negro Rosambuco de la ciudad de Palermo* y *El prodigio de Etiopía,* y *Las misas de San Vicente Ferrer* atribuida a Fernando de Zárate. Son igualmente destacables los personajes mestizos, como Esperanza en *Amar, servir y esperar* y Elvira en *Servir a señor discreto,* ambas de Lope. Baltasar Fra Molinero ha hecho un estudio amplio del tema en *La imagen de los negros en el teatro del Siglo de Oro.*

En el siglo XVIII aparecen personajes negros en obras como en *El negro sensible,* de Comella, muchas comedias de magia (primera y cuarta parte de *Pedro Vayalarde,* tercera y cuarta parte de *Marta la Romarantina, Brancanelo el Herrero,* primera parte de *Duendes son alcahuetes, Don Juan de Espina en Madrid, Don Juan de Espina en Milán, La mágica Margarita, El mágico de Candahar,* etc.), los sainetes *La fingida Arcadia* o *El adorno del*

---

probable que participaran también en la escena, seguramente en los bailes de negros, o como comparsas.

[11] De la Fuente Ballesteros, Ricardo, "El personaje del negro en la tonadilla escénica del siglo XVIII", *Revista de Folklore,* 1984, pp. 190-196.

nacimiento de Ramón de la Cruz, el *Sainete y baile de negros* de Diego de Torres y Villarroel, y en varias tonadillas como *El capitán y los negritos* (1775) de Esteve, *Los negros* (1761) de Luis Misón y *La jitanilla* [sic] *en el coliseo* (1776) de Antonio Rosales.

En Francia comienzan a aparecer personajes negros también desde el siglo xvi. El primero es el rey mago Baltasar, y la primera obra es la *Comédie de l'Adoration des trois Rois à Jésus-Christ* (1547) de Marguerite de Navarre[12]. Sin embargo, a medida que se hace más intensivo el tráfico de personas africanas hacia América durante el siglo xvii desaparecen de la escena, como una realidad que prefiere ignorarse en la metrópoli. De hecho, la Ley de suelo que otorgaba la libertad a los esclavos que pisasen el suelo francés no tenía más objetivo que disuadir a los colonos de traer a sus esclavos a Francia de modo que la práctica siguiese siendo algo que ocurría en la distancia[13]. Sin embargo, según avanza el siglo xviii y se deroga la ley de suelo es cada vez más habitual ver a personas negras en las calles y los domicilios más o menos adinerados, incluidos los de los actores. Como se ha comentado en el apartado anterior, un decreto de 1778 prohibió a sacerdotes y notarios celebrar matrimonios mixtos y reconocer a los negros como señores y damas. En concordancia, a finales del xviii empiezan a aparecer personajes negros en la escena, pero, en las tablas nunca se les presenta como esclavos, sino como exóticos "salvajes" o amable servicio doméstico, personas libres y agradecidas, y rara vez son protagonistas, sino más bien comparsas que ponen el toque cómico y "dan color" a la representación. Eso sí, la raza de los personajes no suele señalarse en el *dramatis,* sino que se deduce de los diálogos. Es el caso de *La Dispute,* de Marivaux, estrenada en 1744, en la que intervienen dos criados negros, Carise y Mesrou. Cuando aparecen esclavos en la escena, por el contrario, se trata por lo general de princesas blancas secuestradas por los turcos en piezas orientalistas tan del gusto del momento en toda Europa. Y es que en el teatro opera una censura que prohíbe mostrar la realidad de la trata y la esclavitud y obliga a los dramaturgos a

---

[12] Toda la información que aportamos a continuación sobre personajes y actores negros en escena ha sido extraída de Chalaye (1998), quien ha consignado 200 obras en la historia del teatro en Francia, desde la mencionada *Comédie de l'Adoration des trois rois à Jésus-Christ* (1547) de Marguerite de Navarre, hasta *Les Nègres (Los negros)* de Jean Genet (1958).

[13] En Inglaterra la novela de Aphra Behn *Oroonoko: or, the Royal Slave* (*Oroonoko, o el príncipe esclavo,* 1722) dio a conocer la realidad de la esclavitud y contribuyó a sensibilizar al público.

presentarlos como indios en vez de esclavos africanos[14]. Es lo que ocurre con la pieza de Olympe de Gouges que aquí publicamos, que en un primer momento se publicitó como "drama indio". *Zamor y Mirza o la esclavitud de los negros* no es la primera obra en la que aparecen esclavos negros, pero sí la primera que, incluso con la estética *larmoyante* propia de la época, muestra en escena toda la crudeza de la esclavitud, y sus protagonistas "tienen el mal gusto de rebelarse contra su condición" (Chalaye y Razgonnikoff, 2006: xvii). Otras obras estrenadas previamente a la de Olympe son, como recoge Chalaye (1998): *Les Sauvages*, de Jean-Antoine Romagnési y Francesco Riccoboni (1736); *Le Prince noir et blanc,* cuento de hadas en dos actos, de Nicolas Audinot (1780); *La Négresse ou le pouvoir de la reconnaissance,* comedia italiana en un acto de Jean-Baptiste Radet y Pierre Barré (1787); Tras el estreno de *La esclavitud...,* vendrán *Le Nègre aubergiste,* hecho histórico en un acto de Charles-Jacob Guillemain (1793); *La Liberté des Nègres,* de Gassier (1794); *Paul et Virginie,* ópera de Alphonse Dubreuil (1794); *Les Africains ou le triomphe de l'humanité,* comedia en un acto de Larivallière (1795), y el mismo año *Le Blanc et le Noir,* de Charles-Antoine Pigault-Lebrun, primera obra en la que aparece la figura de "negro trágico", un héroe revolucionario libertador, retirada tras tres funciones porque no gustó. Las obras de este período revolucionario representan, sobre todo, uniones mixtas e imágenes de hermandad, y crean el estereotipo de "negro bueno agradecido con su amo".

Tras la independencia de Haití el gobierno francés prohíbe explícitamente la representación de personajes negros coloniales. Por ejemplo, en 1820 Víctor Hugo publica la novela Bug-Jargal, cuyo título es el nombre de su protagonista, esclavo negro y uno de los jefes de la insurrección de 1791 en Santo Domingo. En 1828 se hace una adaptación para el teatro (los autores son de Antier, de Coizi y de Flers), que no se aprueba por la censura hasta que desaparece toda referencia a Santo Domingo y se sitúa en Java. Igualmente se prohíben otros melodramas menos subversivos, que tratan de los amores no correspondidos de esclavos negros por mujeres blancas, como: *Le Nègre* de Balzac (1822), y otro de Georges Ozaneaux, también titulado *Le Nègre,* escrito en 1828, que no recibe el permiso para ser representado hasta 1830, cuando el gobierno liberal de Luis Felipe de Orleans autoriza de nuevo los temas coloniales en la escena y elimina la censura teatral,

---

[14] En el siglo xviii se recoge por primera vez la palabra 'negro' en el diccionario francés con el significado de persona africana objeto de trata y sometida a la esclavitud.

lo que tiene como resultado un relativamente alto número de obras con personajes negros cuyas tramas se sitúan en las Antillas parcial o totalmente. Las fábulas, como se ha dicho, suelen ser de corte romántico y sigue incluyendo los amores imposibles entre amos y criados de distinto sexo, o entre aristócratas mestizos y blancos. Entre otras: *Honorine, ou la femme difficile à vivre*, de Jean-Baptiste Radet (1823); o *L'Esclave Andrea* (1837), de Alfred Maillant et Legoyt, melodrama que goza de gran éxito.

Otros temas de interés son el terremoto ocurrido en Martinica en 1839, que inspira al menos cuatro obras en 1840, todas con el título *Le Tremblement de terre de la Martinique*; y el reconocimiento de una hija o hijo natural de un rico propietario blanco y una esclava, como en *Cora ou l'esclavage*, de Jules Barbier (1861), donde la protagonista, que cree ser blanca, se entera de que su madre era la esclava de su padre. En *Le Chevalier de Saint-Georges*, de Mélesville (seudónimo de Anne-Joseph Duveyrier) y Roger de Beauvoir, aparece por primera vez el asunto de una mujer blanca enamorada de un conde negro culto y distinguido[15]. También se hicieron varias versiones de la novela de Harriet Beecher Stowe *Uncle Tom's Cabin* (1852): *La Case de l'oncle Tom*, de Philippe Dumanoir y Adolphe d'Ennery, y *L'Oncle Tom*, de Edmond Texier y León de Wailly.

Especial atención merece la pieza *Malheureux comme un Nègre*, de Clairville y Siraudin, quienes presentaron por primera vez actores negros interpretando los papeles de esclavos en el Théâtre des Variétés en una comedia abolicionista en 1847. En ella ridiculizaban a los colonos y traficantes, mientras un heroico esclavo interpretaba a Fígaro con humor. La obra fue abucheada y duramente criticada por la prensa. Hasta entonces prácticamente no había actores negros en el teatro francés, aparte de pequeñas partes en la Comédie Italienne.

La primera estrella negra que actuó en Francia fue el actor Ira Aldridge (1807-1867). Formado en Nueva York en la década de 1820 en la Compañía de William Henry Brown, se trasladó a Gran Bretaña en cuanto se abolió la esclavitud allí. Interpretó a Oroonoko en el escenario del Royal Coburg Theatre de Londres y después desarrolló una carrera de éxito por toda Europa como actor trágico. Su interpretación de Otelo se sigue considerando legendaria.

---

[15] Basada en el violinista, compositor y revolucionario mestizo Joseph Bologne, conocido como el caballero de Saint-Georges, creador del primer regimiento de hombres negros en Europa.

A partir de la década de 1870, aparecen en la escena francesa actores negros, en un principio llegados de EE UU, que representan piezas cómicas y ligeras, con música, canciones y baile, espectáculos de circo con payasos negros, y de variedades con mujeres negras sensuales. Al mismo tiempo, sobre todo a partir de 1892 tras la victoria de Dahomey, se traen a grupos de las colonias francesas en África que interpretan cantos y bailes de sus regiones en piezas de gran espectáculo, con el objetivo de exhibir el África salvaje y justificar la misión civilizatoria. Después vendrán las vergonzantes exposiciones pseudoetnográficas o zoos humanos en distintos espacios de París[16].

A principios del xx muchas piezas del Grand Guignol incluyen personajes africanos que infunden terror, mientras que en los teatros aparece el estereotipo del soldado que participará en la guerra de 1914. Ya en los años 1920, se ponen de moda bailarines negros como Habib Benglia[17], Aïcha[18] o Josephine Baker.

En Estados Unidos la lucha antisegregacionista fue liderada, entre otros, por dramaturgas afroamericanas, quienes además de poner en escena sus dramas escribieron ensayos y discursos, como Anna Julia Cooper (A Voice from the South, 1892). Junto a Mary Church Terrell e Ida B. Wells-Barnett, Anna Julia Cooper fundó en 1896 la National Association for Colored Women.

Algunas obras de este final de siglo y dos primeras décadas del xx en las que actuó un elenco totalmente negro son: Clorindy: The Origin of the Cakewalk y A Trip to Coontown (ambas de 1898); Voodoo de Harry Lawrence Freeman, escrita en 1914 y estrenada en 1928; Treemonisha de Scott Joplin (1915).

Durante el Renacimiento de Harlem –como se conoce a la etapa de las décadas de los años 20 y 30 del siglo xx, que supuso una época de eclosión de la cultura afroamericana–, las dramaturgas y performeras afroamericanas gozaron de gran liderazgo. Por ejemplo, Eulalie Spence escribió el famoso ensayo "On Being Young—A Woman—And

---

[16] En el Retiro de Madrid también hubo una familia de pigmeos viviendo en un foso donde los viandantes podían observarla hasta bien entrado el siglo xx.

[17] Habib Benglia llegó de Sudán para entregar camellos para una exposición y se afincó en París. Comenzó en 1913 como extra en el teatro de Gémier antes de convertirse en el actor favorito de Gaston Baty en muchas de sus producciones. En concreto participó en The Emperor Jones de Eugène O'Neill (1923) y À l'ombre du mal de Henri-René Lenormand (1924), y posteriormente de Le Simoun. Habib Benglia también bailó en el Folies-Bergère.

[18] Aïcha fue una famosa modelo y bailarina de Montparnasse, e inspiró la novela de André Salmon: La Négresse du Sacré-Cœur (1929).

Colored" (1925), mientras que Georgia Douglas Johnson lideró el movimiento anti-linchamiento en la década de 1920 y, junto a otras dramaturgas, creó los *lynching dramas*. El estilo teatral de las dramaturgas afroamericanas incluye canciones, danzas, música, poesía, juegos y oraciones, del mismo modo que las bailarinas afroamericanas incluyen en sus propuestas poesía y literatura oral. Muchas de estas dramaturgas afroamericanas y performers incluso fundaron sus propias compañías teatrales, dirigieron, actuaron, produjeron y construyeron teatros para la comunidad posteriormente. Por ejemplo, Barbara Ann Teer, quien fundó el National Black Theatre en 1968. Antes, en la época del Renacimiento de Harlem, que es la que nos interesa para contextualizar el texto de Stein, dirigieron y produjeron sus espectáculos en lugares como salones escolares, cocinas, bibliotecas, iglesias, etc., mientras que la ya citada Eulalie Spence inició la moda de las "obras para leer", seguida por muchas y muchos de sus colegas.

Entre las obras fundamentales de este periodo están: *Three Plays for a Negro Theatre* de Ridgely Torrence (1917), tres obras en un acto que presentan actores afroamericanos en papeles dramáticos y se consideran fundacionales del teatro negro americano –hasta entonces, era habitual ver actores negros en piezas de *minstrel*[19]–; *Shuffle Along* de Noble Sissle y Eubie Blake (1921); *The Chip Woman's Fortune* de Willis Richardson (1923), la primera obra no musical escrita por un afroamericano en Broadway; *Harlem, A Melodrama of Negro Life in Harlem* de Wallace Thurman (1929), que fue un auténtico éxito de taquilla en Broadway; *Run, Little Chillun* de Hall Johnson (1933), considerada como uno de los dramas musicales más exitosos del Renacimiento de Harlem, *Mulatto* del famoso poeta Langston Hughes (1935), una de las obras teatrales más exitosas del período. Entre los actores destacan Paul Robeson y Rose McClendon, quienes transformaron el escenario estadounidense e internacional tanto como las y los dramaturgos redefinieron el teatro norteamericano.

Como vemos, *Cuatro santos...* no fue la primera obra teatral o musical en emplear un elenco totalmente afroamericano. La precedieron los espectáculos de *minstrel* y muchas producciones negras antes y durante el Renacimiento de Harlem. En el cine, *Hallelujah* (1929) de King Vidor, que además fue una de las primeras películas sonoras,

---

[19] Género de teatro musical americano que aparece hacia 1840. Se trata de un teatro racista interpretado por blancos pintados de negro que imitan a personas negras de manera cómica. Después serán interpretados por actores negros siguiendo el mismo patrón estereotipado.

también contó con un elenco totalmente negro. Para algunos, como veremos, esta moda es la que propició el éxito de *Cuatro santos...*

4. LAS AUTORAS Y LAS OBRAS

4.1. Olympe de Gouges

Olympe de Gouges nace en Montauban, Francia, el 7 de mayo de 1748 con el nombre de Marie Gouze, es hija de la lavandera Anne-Olympe Mouisset y de su relación extramatrimonial con el magistrado y dramaturgo Jean-Jacques Lefranc de Caix de Lisle et de Pompignan, aunque se registró como hija legítima de su marido Pierre Gouze, carnicero. Casada en matrimonio desigual a los 17 años por imposición familiar con el anciano Louis Yves Aubry, un año más tarde nace su hijo Pierre Aubry y queda viuda. En 1770, fruto de su relación con un hombre influyente, Jacques Biétrix de Rozières, nace su hija Julie que muere a corta edad. Se traslada a París en 1770, donde frecuenta los salones de la marquesa de Montesson, Fanny de Beauharnais o Madamme Helvetius, y a la élite intelectual de su época. Entre sus amigos se cuentan los escritores Mercier, Cubières, Suard, La Harpe, músicos como el caballero de Saint-Georges, la bailarina Mlle. Guimard o actores como Molé. En 1774 inicia su carrera literaria y comienza a usar el seudónimo por el que es universalmente conocida –como tal aparece ese mismo año en el Almanaque de París–, cosa admirable si tenemos en cuenta que su lengua es la occitana y no aprende el francés hasta su llegada a París. De ahí que Michelet difundiera el mito de su analfabetismo aunque, en realidad, el francés no se impondrá como lengua oficial hasta el final del siglo. Se apasiona por el teatro y escribe varias obras que pronto adquieren éxito y comienzan a ser representadas en teatros de toda Francia.

Su obra más famosa, *La esclavitud de los negros,* por la que es detenida y encarcelada brevemente en la Bastilla, entra en el repertorio de la Comédie-Française en 1783, aunque no será estrenada hasta después de la Revolución, pues las familias nobles de cuya financiación dependía la Comédie habían hecho fortuna con la trata de esclavos y la economía francesa estaba sustentada, en gran medida, por el comercio con las colonias.

En 1788 se involucra activamente en política. Funda varias sociedades fraternas para ambos sexos y pertenece al Club de los amigos de los negros desde ese mismo año, y al Club de la Revolución desde

1790, del que fueron miembros también la escritora y traductora Sophie de Grouchy y su esposo, el filósofo, científico y político Nicolás de Condorcet, ambos declarados defensores de los derechos políticos y legales de las mujeres, los judíos y los negros. Escribe ensayos y unos treinta panfletos políticos dirigidos a los representantes de las tres primeras legislaturas de la Revolución, a los clubes patrióticos y a diversas personalidades como Mirabeau, La Fayette y Necker a los que admira. Sus escritos versan sobre la abolición de la esclavitud *(Reflexiones sobre los hombres de raza negra,* 1788), los derechos de las mujeres ("Declaración de los Derechos de la Mujer y de la Ciudadana", dedicado a la reina, 1791), las reformas económicas y sociales *(Lettre au peuple,* 1788), la separación de poderes, los riesgos de la dictadura, el amor libre, los derechos de las prostitutas y los marginados y otros asuntos, en los que defiende "puntos de vista humanistas, a menudo utopistas, impregnados de una suerte de socialismo de Estado" (Chalaye y Razgonnikoff, 2006: ix). De hecho, es una gran defensora de la reina María Antonieta y se propone como abogada defensora del rey, a cuya ejecución se opone. Tomó partido por los girondinos y criticó públicamente a Marat y Robespierre. Como apunta Laura Manzanera, "fue más revolucionaria que la revolución" (2009: 11).

El 4 de junio de 1793 publica su *Testament politique,* nombrando albacea a Danton. Según su costumbre, envía ejemplares a la Convención, los jacobinos y los periódicos: "Lego mi corazón a la Patria, mi honradez a los hombres (tienen necesidad de ella); mi alma a las mujeres, no les hago un regalo indiferente; mi genio creador a los autores dramáticos, no les será inútil..." (citada por Blanco Corujo, 2011: 229).

La situación política se agrava y decide huir, no sin antes redactar: *Les Trois Urnes,* defendiendo el federalismo y la separación de poderes, es decir, la ideología girondina. Denunciada por el impresor, fue detenida el 20 de julio de 1793 por este motivo. Permanece varios meses en la cárcel en condiciones lamentables, enferma y sin atención médica, pero continúa escribiendo textos políticos y panfletos ampliamente difundidos. Los girondinos fueron guillotinados el 31 de octubre y ella fue juzgada y ejecutada el 3 de noviembre de 1793. Su juicio, como puede deducirse, fue una patraña; Robespierre ya había decidido deshacerse de ella como de tantos otros partidarios de la Gironda. Solicita ser defendida por el mismo abogado que Luis XIV, pero se le deniega y debe hacerlo ella misma; labor que realiza, según los testimonios, con inteligencia y valor. Fue condenada a muerte por los delitos de pretender ser "hombre de Estado", atentar contra la República y renegar de su propio sexo. Intenta librarse aludiendo estar embarazada, sin éxito. *Une patriote persécutée* y *Olympe de Gouges au Tribunal révolutionnaire* fueron sus últimos textos. Diez días después de que su cabeza rodara en la guillotina su hijo reniega de ella.

Ninguna de sus 15 obras de teatro ha sido traducida hasta ahora al castellano.

4.2. Sobre *La esclavitud de los negros*

> *Ni amo ni esclavo*
> Olympe de Gouges

Olympe de Gouges escribió varias versiones de esta pieza, y le dio varios títulos. El argumento de la primera versión es el siguiente: dos esclavos enamorados, Zamor y Mirza, han escapado a una isla desierta donde esperan vivir sin ser descubiertos. El motivo de su huida es que Zamor ha matado fortuitamente al capataz de la plantación al defender a su amada Mirza de las garras concupiscentes del mismo. Al poco de llegar a la isla son testigos de un naufragio, y no dudan en salvar a una pareja de europeos, Sofía y Valerio, quienes, al conocer su situación, prometen hacer todo lo posible para conseguir su exoneración ante la justicia. En la primera versión los franceses son padres de un bebé que desaparece en el mar y es rescatado y acogido por el gobernador, el Sr. de Saint-Frémont y su esposa. El bebé será clave para el reencuentro de Sofía con su padre, el mismo Sr. de Saint-Frémont, motivo del viaje. En su juventud el Sr. de Saint-Frémont conoció a una joven, la madre de Sofía, a la que amaba profundamente y con la que quería contraer matrimonio; el padre de la muchacha se lo impidió y le obligó a emigrar a las Antillas dejando atrás a su amada y a su hija. Sofía ha descubierto hace poco que su padre es un hombre importante en esas tierras, pero desconoce su identidad. En estos años, el Sr. de Saint-Frémont ha contraído matrimonio con la Sra. de Saint-Frémont a la que ama tiernamente, pero no han podido tener hijos, cosa que le sumerge en la tristeza de tanto en tanto junto al recuerdo de su hija natural. Por eso acogió a Zamor a los 8 años y le ha tratado siempre como un hijo. Ahora, tras la muerte del capataz, la justicia y los colonos crueles le obligan a ajusticiarle. Al poco de ocurrir el "feliz naufragio", Zamor y Mirza son apresados. La Sra. de Saint-Frémont, Sofía, Valerio y todos los esclavos de la isla suplican clemencia para los jóvenes amantes sin éxito y, al final, se levantan en armas contra los colonos, el juez y los militares. La situación se resuelve gracias a la intervención del buen gobernador, a quienes los esclavos respetan, con el indulto a Zamor y Mirza.

La pieza tuvo dos ediciones, una de 1788, que recoge el texto presentado a la Comédie-Française precedido del ya mencionado *Réflexions sur les hommes nègres* (1788)[20], un brevísimo ensayo en el que defiende el antiesclavismo e incluye indicaciones de puesta en escena dirigidas a los actores de la Comédie-Française, y otra en 1792, con los cambios introducidos en la representación de 1789.

Las editoras Chalaye y Razgonnikoff (2006) han realizado un pormenorizado relato de la peripecia del estreno y publicación de las diferentes versiones de la obra. Gouges presenta en 1783 a la Comédie-Française *Zamore et Mirza ou l'heureux naufrage*, "el primer texto dramático surgido de mi imaginación", como escribe en el posfacio a la obra. Lo hace anónimamente, y el texto es admitido pero, al enterarse de que el autor es una mujer, la puesta en escena se ralentiza. Por influencia de la marquesa de Montesson se organiza una lectura de la obra en junio de 1875 efectuada magistralmente por Molé, actor y amigo de Olympe, y el 28 de ese mismo mes la obra se admite sujeta a algunas correcciones. De Gouges presenta la versión final para su representación el 8 de julio. Estas correcciones consistían sobre todo en presentar la obra como "drama indio", con el objetivo de evitar la identificación de los personajes como esclavos negros, amén de modificaciones y supresiones de parlamentos demasiado explícitos. Pronto comienzan las disputas con los actores: primero por cuestiones prácticas, como es la pintura de los cuerpos –a la que ella responde proporcionando una receta a base de jugo de regaliz y betún–, y después una actriz la acusa de haber sobornado a Molé para conseguir la aprobación. Olympe, enfurecida, envía una carta a la Comédie comparándola con un establo, lo que empeora la situación.

Los comediantes solicitan la intervención del duque de Duras, gentilhombre del rey y responsable del Teatro Francés, y eliminan la pieza del repertorio. Gouges es avisada por un anónimo y pide una audiencia, pero el duque la envía directamente a la Bastilla. Sin embargo, el teniente general de la policía considera las demandas ridículas y archiva el caso, seguramente convencido por los influyentes amigos de la autora.

---

[20] Publicado en parte en castellano en el libro de Laura Manzanera: *Olympe de Gouges. La cronista maldita de la revolución francesa*, aunque falta justamente lo relativo a su obra.

Gracias a Molé, Olympe se reconcilia años después con los actores, pero sigue sin estrenarse la pieza contraviniendo la normativa del teatro, que indicaba que los estrenos debían producirse por orden cronológico de aprobación. Así que en 1787 pide autorización para imprimirla y, cuando está a punto de difundir los ejemplares, le comunican desde el teatro que se han repartido los papeles y van a empezar los ensayos, por lo que detiene la publicación. Lamentablemente muere la actriz principal y se vuelve a parar el montaje, lo que produce una nueva disputa cuando Olympe escribe otra carta a la Comédie para que antepongan su obra a una de Molière. Finalmente, en 1788 pretende publicar la obra con toda la correspondencia mantenida con los actores. Ellos la denuncian por desacreditar su reputación y tiene lugar la correspondiente querella judicial. El caballero de Gaines, que había autorizado la publicación, se ratifica en su decisión y el libro ve la luz. Meses después, en marzo de 1789, Olympe denuncia a los comediantes por contravenir el reglamento de la Comédie-Française que les obliga a representar la obra una vez aprobada. Debido a los tumultos revolucionarios del verano los comediantes prefieren ahorrarse el juicio y programan la pieza para fin de año. Es un nuevo contexto en el que se ha votado la abolición de los privilegios y la causa antiesclavista gana adeptos. Ella da un nuevo título más explícito a la pieza: *L'Esclavage des Nègres,* para eliminar la ambigüedad que el teatro le había impuesto al denominarla *drama indien* y dejar claro que lo que quiere poner en escena es a los esclavos negros del Caribe. Además desaparece el personaje de Emilie, amiga de Madame de Saint-Frémont, portavoz de los colonos humanos y generosos. Su rol lo ejercen el Capitán, los extranjeros salvados del naufragio y los propios esclavos. La pieza no acaba solo con el matrimonio sino con un largo discurso de Monsier de Saint-Frémont, que alude con frecuencia al rey ciudadano, y se elimina todo lo que puede ser interpretado como aliento a la revuelta de los esclavos.

Los propietarios coloniales llevaban unos años nerviosos con la amplitud que estaba alcanzando el movimiento abolicionista y se habían organizado también en asociaciones. Cuando se enteran de que una pieza titulada *La esclavitud de los negros* se va a poner en el Teatro de la Nación (nueva denominación dada a la Comédie), y que la autora es miembro de la Asociación de amigos de los negros, se dedican a escribir virulentas críticas en la prensa ridiculizando a los filántropos utópicos. Como respuesta, el 20 de diciembre de 1789 Olympe publica en *Chronique de Paris* un artículo en el que analiza el cambio de situación y reconoce ser blanco de los esclavistas. A los pocos días una carta anónima aparecida en distintos lugares de París vierte violentas amenazas contra ella. Para evitar que se suspenda el estreno publica un comunicado en el que apela a los que se están organizando para boicotearlo, asegurando que en su obra no se predica la insurrección ni se dispone a los espíritus a la revuelta. Pero, efectivamente, existe una conjura organizada contra la pieza y el día del estreno, el 28 de diciembre, aparece en *Les Actes des apôtres* una diatriba animando a "las buenas gentes" a interrumpir la representación.

El estreno fue un verdadero acontecimiento. La *Chronique de París* comenta al día siguiente que tanto los partidarios de la esclavitud como los de la libertad gritaron, interrumpieron, silbaron, resultando una representación ruidosa y tumultuosa. Las críticas despellejaron a la autora y desaprobaron la intriga, pero no dijeron nada de la puesta en escena. Como ella misma había escrito antes, ninguno de los hombres que han intentado mejorar la suerte de los negros había soñado con presentarlos en escena con el vestuario y el color como ella lo intentó, si la Comédie no se hubiera opuesto. Ella había insistido en que los actores se pintaran la piel y usaran el vestuario propio de los esclavos del Caribe, pero no lo hicieron, para decepción de la autora. Como tampoco siguieron la instrucción de que Mirza y los esclavos hablaran con su "lenguaje natural", es decir, con el acento que les era propio. Paradójicamente, los actores habían obtenido por primera vez el estatuto de ciudadanos justamente el 24 de diciembre, y el mismo día del estreno la autorización para poner sus nombres en los carteles y querían ser reconocidos por el público. Cabe señalar que Mulé interpretó al Sr. de Saint-Frémont y Valerio fue interpretado por el gran actor Talma, que además era miembro de la Sociedad de Amigos de los Negros.

En todo caso, la prensa se empleó a fondo para desanimar a los espectadores, esclavistas o abolicionistas, a acudir. Según ellos, el drama era demasiado mediocre como para ser útil a la causa que defendía o dañar a la contraria. Ridiculizaron el sexo de la autora, y afirmaron que "hace falta tener barba en el mentón para escribir una buena obra", argumento de peso que les ahorraba ofrecer su análisis. El resultado fue la retirada de la pieza al cabo de tres representaciones los días 28 y 31 de diciembre de 1789 y 2 de enero de 1790. La normativa del teatro especificaba que toda obra que no consiguiera un beneficio determinado y un número concreto de entradas vendidas se retiraba después de 3 funciones y pasaba a ser propiedad de la Comédie[21]. El primer día se dobló la expectativa, pero los dos días siguientes se quedó corta por unas pocas libras.

Olympe tuvo en cuenta las críticas aparecidas tras el estreno y simplificó la pieza para la segunda representación. Así, suprime el personaje del bebé y el sentimentalismo que conlleva en la trama. Elimina también el personaje del viejo sirviente Felicio y el de la Capitana, implicados en la parte de la historia relativa al reconocimiento de padre e hija (trama especialmente importante para ella como hija natural que no había conocido a su padre) y los sustituye por el personaje de Coraline, un trasunto de ella misma. A pesar de todo, los actores anuncian la retirada de la obra tras la tercera función. De Gouges intenta un nuevo litigio alegando falsedad en las cuentas de recaudación, pero el juez determina que la pieza carece de interés y es susceptible de provocar tumultos en las colonias o provocar una insurrección, por lo que apoya a los actores. Olympe insiste en sus pretensiones y finalmente es convocada ante el Tribunal Municipal junto al representante del Teatro de la Nación, quien expone que los colonos habían amenazado con rescindir su subscripción anual y sin ese dinero el teatro no podría subsistir, por lo que no queda más remedio que ceder a las presiones y retirar la obra. Si antes de la Revolución la corporación teatral de la Comédie-Française estaba patrocinada por la corte de Versalles y los nobles que participaban en la corporación y se habían enriquecido gracias a la trata de esclavos habían demorado el estreno, tras la Revolución eran los colonos esclavistas directamente los que censuraban el teatro nacional, otorgando una nueva dimensión a la relación entre teatro y esclavitud. Ese mismo año de 1790 Olympe escribió otra obra sobre el mismo tema, *Le Marché des Noirs* (El mercado de los negros).

Pero además del chantaje económico de los colonos, en 1790 comienza la insurrección en las colonias, sobre todo en la isla de Saint Domingue, que conducirá a la independencia de Haití en 1804. Los detractores de Olympe la presentan como la instigadora de las revueltas y su obra teatral como "el ensayo de la revolución" (que diría Boal) de las colonias caribeñas, en concreto de Santo Domingo. Si, como ella escribe, ningún abolicionista soñó con ver representada en las tablas la condición de la esclavitud, ningún hombre o mujer dedicado al teatro político soñó nunca que una obra de teatro pudiera tener tal impacto en la realidad.

---

[21] "La esclavitud de los negros en la obra de Olympe de Gouges" Esperanza de Julios Costas: https://2020.nodos.org/ponencia/la-esclavitud-de-los-negros-en-la-obra-de-olympe-de-gouges/

Tras la Revolución francesa el fin de la esclavitud se ve como un horizonte plausible y los abolicionistas empiezan a tomar posiciones más tibias. Incluso Brissot y Condorcet aducen que no se puede dar la libertad a los esclavos sin antes prepararlos para ello. De hecho, Brissot deja el liderazgo de la Sociedad de Amigos de los Negros a importantes personalidades como Julien Raimond o Vincent Ogé, mestizos ricos nacidos en las colonias y esclavistas ellos mismos (Raimond tenía 100 esclavos). Tanto Ogé como Raimond se desplazan a París para defender ante la asamblea la causa de los mulatos y negros libres. Se unen a la Revolución y exigen libertad e igualdad en las colonias para las personas de color libres, pero no el abolicionismo, pues ellos también forman parte de la élite y participan del orden colonial. Cuando la Asamblea firma la ley que garantiza el voto a las personas de color libres, Ogé vuelve a Santo Domingo y, ante la negativa de los colonos blancos a aplicar la ley, lleva a cabo el primer levantamiento en la isla, es capturado y ejecutado. Meses después, cuando los esclavos haitianos se levanten, le considerarán como un referente, aunque nunca fue antiesclavista. Raimond, que no participó físicamente en las revueltas, paradójicamente también tuvo un papel protagonista en la independencia de Haití al ser uno de los 10 redactores de la Constitución en 1801.

Aunque entre 1790 y 1791 hubo muchos levantamientos, el inicio de la Revolución haitiana se produce la noche del 14 al 15 de agosto de 1791. Tras una celebración vudú denominada Bois Caïman y la señal dada por sus oficiantes: la *mambo* –alta sacerdotisa vudú– Cécile Fatiman y el sumo sacerdote del vudú y líder de los esclavos cimarrones Dutty Boukman, muchos esclavos asesinaron a sus amos, torturaron, violaron y mutilaron a numerosas personas blancas, quemaron plantaciones y destruyeron propiedades sumiendo la isla en el terror.

Ante esta situación, Olympe de Gouges, acusada de ser la instigadora de estos acontecimientos, como hemos dicho, en 1792 publica de nuevo el texto, esta vez la segunda versión que se representó en las tablas –con algunas modificaciones–, con el objetivo de justificarse y exculparse, como pone de relevancia en el prefacio:

He aquí, por fin, este drama que la avaricia y la ambición han proscrito, pero que los hombres justos aprueban. En medio de todas las opiniones, ¿cuál debe ser la mía? Como autora refrendaría esta producción filantrópica, pero como testigo de oídas de los terribles relatos de las aflicciones americanas odiaría mi obra, si una mano invisible no hubiera llevado a cabo esta revolución en la que no he participado más que por la profecía que hice de ella. No obstante, me reprochan, me acusan incluso no habiendo visto *La esclavitud de los negros.*

Ahora la pieza lleva por título: *L'Esclavage des Noirs* en vez de *L'Esclavage des Nègres* debido a la connotación negativa que la palabra *Nègre* ha adquirido. Como ya hemos comentado desaparece la trama del bebé, Coraline, portavoz de la autora, defiende la importancia de la educación, Valerio insta a no dejarse llevar por la violencia, y el último discurso del Sr. de Saint-Frémont es más corto y sin alusiones al rey, trasunto de la posición de Brissot de que no se puede dar la libertad a los esclavos sin haberlos preparado para evitar poner en peligro a los blancos, como estaba ocurriendo en realidad. Por eso, en el prefacio se dirige no solo a los colonos sino también a los esclavos negros artífices de las revueltas haitianas, comparándolos con los del Terror en Francia:

> Es a vosotros, esclavos a día de hoy, hombres de color, a quienes me voy a dirigir; tal vez tenga un derecho indiscutible para culpabilizar vuestra ferocidad: crueles, imitando a los tiranos, los justificáis (...) El veneno, el hierro, las dagas, la invención de los más bárbaros y atroces tormentos no os cuestan nada, se dice. ¡Qué crueldad! ¡Qué inhumanidad! ¡Ah! Cuánto gemido de los que querían ofreceros, por medios atemperados, un destino más dulce, una suerte más envidiable que todos esos beneficios ilusorios con los que os han extraviado los autores de las calamidades de Francia y de América. La tiranía os perseguirá, de igual forma que el crimen se ha apegado a esos hombres perversos (...) Temed mi predicción, sabéis que está basada en pilares sólidos y verdaderos. Es guiada por la razón, según la justicia divina, que pronuncio mis oráculos. No me retracto: detesto vuestros tiranos, pero vuestra crueldad me horroriza.

Pero la pieza no solo profetiza las revueltas de las Antillas, donde se sitúa la acción, sino la misma Revolución francesa:

> VALERIO.– Los franceses vemos con horror la esclavitud. El día en el que seamos libres nos encargaremos de mitigar vuestro estado.
>
> MIRZA.– (*Sorprendida.*) El día en el que seáis libres, ¿acaso no lo sois ya?
>
> VALERIO.– Solo en apariencia. El yugo nos pesa. Desde hace siglos los franceses gimen bajo el despotismo de ministros y cortesanos. El

poder del soberano está en manos de miles de tiranos que oprimen a su pueblo. Ese pueblo algún día romperá las cadenas, se encargará de los derechos escritos en las leyes de la Naturaleza y enseñará a esos tiranos lo que puede la unión de un pueblo largo tiempo maltratado pero instruido por la sana filosofía.

Como buena ilustrada, Olympe apela al Derecho natural (todos los filósofos importantes del XVIII se adhieren al iusnaturalismo) y lo hace numerosas veces a lo largo de la obra para justificar tanto la legitimidad y los principios de la Revolución como del antiesclavismo, que vienen a ser los mismos: la igualdad, independientemente de raza o género y la lucha contra la tiranía. Así en la escena IX del Acto I se defiende la igualdad natural de todos los seres humanos:

> EL INDIANO.– [Los esclavos.] Han nacido para ser salvajes y subyugados como lo son los animales.
> SOFÍA.–. ¡Qué horrible prejuicio! La naturaleza no los hizo esclavos. Son hombres como nosotros.

Y en la escena IX del Acto II:

> SOFÍA.– Lo que ha hecho por mí le garantiza en mi corazón los derechos naturales… Su crimen fue involuntario y la justicia no debería sino absolverle de todo cargo (…)

Y finalmente, en la escena VIII del Acto III:

> VALERIO.– Si es un crimen haber matado un monstruo que hacía temblar a la naturaleza, al menos este crimen es excusable. Zamor defendía su propia vida, y la defensa es un derecho natural.
> EL JUEZ.– Abusáis de la complacencia del señor gobernador. Ya os lo hemos dicho: las leyes los condenan como homicidas. ¿Podéis vos cambiarlas?
> VALERIO.– No, pero quizá sí suavizarlas al ser un crimen involuntario.
> EL JUEZ.– ¿Tenéis juicio? ¡Suavizarlas a favor de un esclavo! No estamos en Francia. Debemos ser ejemplares.

La pieza, como hemos dicho, se definió como drama indio y se engloba en el estilo *larmoyante*, propio de la filosofía sensista de la Ilustración, para la que "el llanto, entendido entonces no como un desbordamiento de un corazón débil, sino como la efusión de un alma tierna, capaz de sentir y de conmoverse con el resto de los seres humanos, no solo no es censurable, sino que se convierte en un acto socialmente meritorio"[22]. Pero también es en cierto modo un drama judicial, aunque no se desarrolle en un tribunal debido a que, como afirma Coraline: "¿Juicio? Se nos prohíbe ser inocentes, se nos prohíbe defendernos". Toda la acción gira en torno al caso de asesinato en el que lo que se pone en tela de juicio es todo el sistema de valores del Antiguo Régimen, y la nueva moral ilustrada revolucionaria, llevando la lógica incluso más allá de lo que sus representantes más preponderantes estaban dispuestos a llegar. Porque, lo que queda patente es precisamente la injusticia del ordenamiento francés, con dos varas de medir muy distintas en función del territorio, cuestión respaldada por Montesquieu, padre de la democracia, cuando afirma en *De l'esprit des lois* que todos los hombres son iguales en el suelo de Francia, pero en otros climas la desigualdad, ergo la esclavitud, está justificada porque, "razona": "Estos seres [...] son negros [...] y tienen además una nariz tan aplastada que es casi imposible compadecerse de ellos"[23], entre otras argumentaciones de calado, como que los habitantes de los países calurosos solo trabajan con miedo y castigos.

En definitiva, se trata de una obra discursiva[24] en la que se plantea la dialéctica amo-esclavo años antes de que lo hiciera Hegel en 1805. No deja de ser curioso que Susan Buck-Morss (2000) defienda que fue la revolución de Haití la que inspiró al pensador alemán, mientras que la pensadora francesa fue acusada de haberla instigado.

BETZI.– Dicen que hace mucho no éramos esclavos. (escena I del Acto II)

Y continuando la conversación, en la escena II:

---

[22] Doménech, Fernando, *La comedia lacrimosa española*, Madrid, Fundamentos-RESAD, 2006, p. 10.

[23] Sobre la esclavitud en Montesquieu véase: Martínez Peria, Juan Francisco, "Cautivos del clima: El problema de la esclavitud en el pensamiento de Montesquieu", *Bajo Palabra. Revista de Filosofía* 5, 2010, pp. 215-228.

[24] Sobre teatro discursivo véase Contreras, Ana: "Oratoria y alegoría en el teatro discursivo y asociativo contemporáneo en España", en Beatrice Bottin (editora), *Nuevos asedios al teatro contemporáneo: creación, experimentación y difusión en los siglos XX y XXI (España-Francia-América)*, Madrid, Fundamentos, 2016, pp. 135-154.

Azor.– ¡Qué generosidad! Nos venden en el mercado como si fuésemos ganado.

Betzi.– ¡Comercio de seres humanos! ¡Señor! ¡La humanidad repugna!

Azor.– ¡Dices bien! Mi padre y yo fuimos comprados en la costa de Guinea.

Coraline.– Mi pobre Azor, cualquiera sea nuestra deplorable suerte tengo un presentimiento: no estaremos siempre encadenados. Puede que dentro de poco...

Azor.– Y bien, ¿qué pasará? ¿Nos tocará ser amos?

Coraline.– Quizá. Y no seríamos malvados. Cuidemos de ser justos: ni amo ni esclavo.

Azor.– Ni amo ni esclavo. Entonces ¿qué quieres que seamos? Coraline, no sabes lo que dices por más que nuestros amigos aseguren que eres la más sabia de entre nosotros.

Coraline.– ¡Pobre muchacho! ¡Si supieses lo que yo sé! Leí en un libro que ser feliz consiste en ser libre y buen labrador. Solo nos faltaría, entonces, la libertad; que nos la otorguen y verás como no habrá más ni amos ni esclavos.

Azor.– No te entiendo.

Betzi.– Yo tampoco.

Coraline.– ¡Qué ingenuos sois ambos! Decidme, ¿acaso disfrutaba Zamor de libertad? Por eso mismo abandonó a nuestro benévolo amo. El resto haremos lo mismo. Cuando los amos nos den la libertad ningún esclavo abandonará sus trabajos. Los más salvajes de los nuestros se instruirán e irán reconociendo las leyes de la humanidad y de la justicia, y nuestros superiores encontrarán en nuestro afecto, en nuestro entusiasmo, la recompensa de este favor.

Azor.– Hablas como un hombre. Me parece estar escuchando al señor gobernador.

Efectivamente, el señor Gobernador dice algo parecido desde su paternalismo utópico revolucionario –o, como acusan los esclavistas, su filantropismo burgués–, en la escena VI del Acto II:

Sr. de San Frémont.– Hay mil tiranos. Los soberanos hacen felices a sus pueblos. Todo ciudadano es libre con un amo justo (...) ¿Cómo podría no entregarme a estas reflexiones cuando la voz de la humanidad grita en el fondo de mi corazón: "Sed bueno y sensible a los gritos de los desdichados"? Mi opinión, sin duda, os desagrada.

En Europa, por el contrario, comienzan a justificarla y me atrevo a creer que dentro de poco tiempo no habrá más esclavos. ¡Oh, Luis! ¡Rey adorado! ¿¡Que no pueda poner delante de tus ojos la inocencia de estos proscritos!? Otorgándoles la gracia devolverías la libertad a hombres olvidados hace ya mucho (...)

Aunque tanto los esclavos educados (Coraline, Zamor), como los franceses ilustrados (el Sr. y la Sra. de Saint-Frémont, Sofía y Valerio) argumentan que la igualdad es un derecho natural, inalienable, paradójicamente siguen utilizando la lógica del viejo régimen que no dista tanto de la de la nueva tiranía. Es normal, para ser representada, la obra tenía que pasar –y lo logró– la censura real antes de la Revolución, y la de la Asamblea después, y además su objetivo con la publicación era demostrar que no había instigado la sublevación de las colonias ni era responsable de los horrendos crímenes contra los blancos perpetrados en el levantamiento.

> ZAMOR.– Esclavos, colonos, escuchadme (...) Dejo la vida, muero inocente, pero cuidad de mostraros culpables para defenderme: cuidad sobre todo de las facciones, no os entreguéis a la desproporción para salir de la esclavitud; cuidad de romper las ataduras con exceso de violencia; esperad siempre a la justicia divina, agrupaos en torno al señor gobernador y su respetable esposa. Pagadles con vuestra pasión y vuestro apego todo lo que yo les debo. Yo no puedo hacerlo. Quered a ese amo, a ese buen padre, con una ternura filial, como yo lo he hecho siempre. Moriría contento si pudiese al menos pensar que me echará de menos. (*Se arroja a sus pies.*) ¡Querido amo! ¿Puedo todavía llamaros así? (Escena XI, Acto III)

Y un poco más adelante, la pieza concluye:

> SR. DE SAINT-FRÉMONT.– Amigos, os doy la libertad y cuidaré de vuestra fortuna.
>
> ZAMOR.– No, mi amo. Guardaos el favor. Lo más precioso para nosotros será vivir junto a vos y de todo lo que tenéis de inestimable (...)
>
> SR. DE SAINT-FRÉMONT.– Amigos míos, acabo de concederos el perdón. ¡Si pudiese igualmente devolver la libertad a todos vuestros semejantes o, al menos, mejorar su suerte! Esclavos, escuchadme: si alguna vez cambia vuestro destino, no perdáis nunca de vista el

amor al bien público del que, hasta el momento, habéis sido privados. Sabed que el hombre, en su libertad, necesita todavía estar sometido a las leyes sabias y humanitarias; y, sin conduciros a excesos reprochables, esperad todo de un gobierno iluminado y provechoso. ¡Vayamos, amigos míos, mis hijos! Que una fiesta general sea el feliz presagio de la dulce libertad.

Los personajes, por lo tanto, son portadores de las distintas ideologías del momento. Las dos parejas de franceses, dos hombres y dos mujeres de distintas generaciones, transmiten las ideas abolicionistas, más moderadas en el caso de Saint-Frémont, más exaltadas en el de Valerio, que se une al levantamiento de los esclavos. Destaca la igualdad de género en el funcionamiento de las parejas, en las que las mujeres tienen ideas y agencia propias. Del mismo modo, hay esclavos instruidos, como Zamor y Coralie, que coinciden en las ideas iusnaturalistas de los franceses. La igualdad de sexo es también "natural" para ellos y Coralie, alter ego de la autora, es la sabia de la comunidad. La novedad de la pieza no es solo el retrato de las condiciones de los esclavos, sino que los presenta como personajes inteligentes, honorables, altruistas y con sentimientos amorosos. Así, su rebelión responde a la maldad ajena y no a la propia. Los colonos y el juez, personajes antagonistas, son malvados y bastante maniqueos, pero encarnan a la perfección los discursos de los dueños de plantaciones en las Antillas. Otros personajes, como el capitán, son ayudantes u oponentes.

Para acabar, cabe señalar que, si Gouges había pensado en un vestuario realista, exótico y lleno de colorido, también las indicaciones sobre el espacio apoyan esta idea de puesta en escena. En cada acto cambia el espacio, empleando la perspectiva con telones, bambalinas y patas pintados. En el primer acto:

El teatro representa la costa de una isla desierta, bordeada y rodeada de escarpados peñascos a través de los que se ve la mar en lontananza. Delante, en un extremo, la entrada de una cabaña cercada por árboles frutales exóticos. En el otro extremo, el inicio de un bosque tupido. En el momento en el que el telón se levanta una tempestad agita las olas. Vemos un navío que acaba de ser destrozado en la costa. El viento se apacigua y el mar se calma poco a poco.

En el segundo: "*El teatro cambia y representa una sala de visitas amueblada a lo indiano*". Finalmente, en el último acto:

El teatro representa un lugar salvaje en el que se puede ver dos colinas
puntiagudas y bordeadas de matas de arbustos que se extienden y se pier-
den en el horizonte. En uno de los lados hay un risco escarpado; su cima
es una plataforma y la base es perpendicular al borde del proscenio. Se
sube por el lado de una de las colinas de manera que los espectadores
puedan ver llegar a los personajes. Esparcidas acá y allá algunas cabañas
de negros.

Estas indicaciones demuestran su profundo conocimiento del espacio teatral y la maquinaria escénica, además de serlo del sistema le-
gislativo y político del momento, cosa que hace de esta pieza, además
del devenir histórico en el que se vio envuelta, una de las obras más
relevantes del teatro universal, injustamente olvidada para la escena.
Sus diálogos, dichos con naturalidad y realismo, todavía apelan con-
vincentemente a nuestra sensibilidad.

4.3. Gertrude Stein

Gertrude Stein (Alleghany, 1874 – Neuilly-sur-Seine, 1946) nació en
EE UU en el seno de una familia judía de clase alta, en la que se habla-
ba alemán e inglés. Estudió psicología en Harvard –donde fue alum-
na predilecta de William James–, y medicina en la Universidad John
Hopkins (Baltimore).

En 1903 se instaló en París con su hermano Leo, con quien convive
hasta 1914, y ambos comienzan una colección de pintura moderna que
sería la más importante del momento, con obras de Gauguin, Matisse,
Renoir, Toulouse-Lautrec, Cézanne, Bonnard, entre otros, y sobre todo
Picasso y Juan Gris. Su residencia se convirtió en punto de encuentro
de escritores como Apollinaire, Cocteau, Scott Fitzgerald, Hemingway,
Ezra Pound, Thornton Wilder y pintores y artistas como Matisse, Picasso, Picabia, Carl Van Vechten, Braque, Derain, entre otros.

Gertrude Stein escribió poesía, prosa y teatro. Se hizo famosa por
sus experimentos lingüísticos, que algunos atribuyen a los experimentos de escritura automática desarrollados con su mentor William
James, cosa que ella refutó, aduciendo que se trataba más bien de conseguir lo mismo que se estaba haciendo en pintura con el postimpre-
sionismo, el modernismo y el cubismo, un trabajo de collage, polise-
mia y desjerarquización del lenguaje, en el mismo sentido que en el
lienzo se había acabado con la división de fondo y figura. Asimismo,
usa la dislocación de las palabras y la puntuación de manera no con-
vencional con el objetivo de restablecer la fuerza sonora del lenguaje

y el ritmo de las frases. En todo caso, nos atrevemos a afirmar que su visión contemplativa del teatro guarda cierto parangón con la teorización de la experiencia mística por parte de James en *Las variedades de la experiencia religiosa* (1902). En cierto modo, lo que Stein propone es generar una experiencia estética caracterizada, como la mística, por la inefabilidad, la transitoriedad, la pasividad y la iluminación.

No hay que olvidar que Gertrude Stein fue mecenas de artistas plásticos españoles, especialmente Juan Gris y Picasso, autor este último, además, de dos obras teatrales absolutamente vanguardistas. Como ya se ha dicho, la escritura de Stein está estrechamente relacionada con la sensibilidad artística de estos autores en una interrelación e influencia mutuas.

Aunque comienza a escribir en 1903, durante los primeros años tuvo dificultades para publicar sus trabajos si bien a lo largo de la década de los 20 se convierte en la autora con más predicamento en los EE UU, por lo que en 1933 emprende una gira de algo más de un año por su país natal, después de 30 años de ausencia, que resultó ser apoteósica. Sus conferencias fueron publicadas en el volumen *Lectures in America (Conferencias en América*, 1935).

Sus obras más importantes son *Three Lives (Tres vidas*, 1909), *Tender buttons: objects, food, rooms (Botones blandos: objetos, comida, habitaciones*, 1914), *The Making of Americans: Being a History of a Family's Progress (Ser americanos*, escrita en 1906-8, publicada en 1925), su autobiografía —escrita desde el punto de vista de su pareja— *The Autobiography of Alice B. Toklas (Autobiografía de Alice B. Toklas* 1933), *Picasso (book) Picasso (Picasso*, 1938), *Paris, France (París, Francia*, 1940), *Wars I Have Seen (Las guerras que he visto*, 1945) y *The Things as They Are (Las cosas como son)*, una de las primeras obras de la historia sobre relaciones lésbicas, y en realidad su primer libro, escrito en 1903, entonces titulado *Q.E.D.*, y publicado en 1950.

En cuanto a su producción teatral, sus primeras obras están publicadas en el volumen *Geography and Plays* (1922), aunque las más importantes son sus óperas con música de Virgil Thomson *Four Saints in Three Acts (Cuatro santos en tres actos)*, escrita en 1929 y estrenada en 1934, y *The Mother of Us All*, libreto de 1946, estrenada en 1947 tras la muerte de la autora. *Four Saints...* constituyó un éxito sin igual, y fue la ópera con más funciones en Broadway hasta la fecha.

Gertrude Stein ha sido objeto de numerosos homenajes tras su muerte, y ella y su pareja, Alice B. Toklas, aparecen mencionadas o como personajes en distintas obras literarias, musicales, teatrales y cinematográficas, como el musical *Rent* y la película de Woody Allen *Midnight in Paris* de 2011. Ese mismo año de 2011 se estrenaron dos grandes exposiciones en San Francisco dedicadas a la escritora: "The Steins Collect: Matisse, Picasso, and the Parisian Avant-Garde", en el San Francisco Museum of Modern Art (SF MoMA), y "Seeing Gertrude Stein: Five Stories", en el Contemporary Jewish Museum. Del mismo modo, se hizo un nuevo montaje de la ópera *Four Saints in Three Acts*, en el Yerba Buena Center for the Arts (patrocinada por el SF MoMA y Ensemble Parallèle).

Cabe mencionar que en sus últimos años de vida Stein fue mecenas del entonces joven pintor español afincado en París Francisco Riba-Rovira, y además auspició y prologó la primera exposición de este en París. De hecho, en 2012 la galería valenciana Muro hizo una exposición póstuma de Riba-Rovira titulada, precisamente: Homenaje a Gertrude Stein.

4.4. Sobre *Cuatro santos en tres actos*

> *Santa Teresa. Pueden las mujeres tener deseos.*
>
> GERTRUDE STEIN

Cuatro santos en tres actos revolucionó el mundo de la ópera y el teatro en EE UU, y es el texto fundacional de la posmodernidad teatral, como lo califica el afamado director de escena alemán Heiner Goebbels. Es también, como señala Steven Watson, quien ha estudiado profusamente todas las vicisitudes de la gestación y estreno de la ópera (1998), la primera obra fruto de una colaboración entre artistas de distintas disciplinas en EE UU al estilo de Wagner y Diaghilev.

La pieza fue escrita tras un viaje de Stein a Ávila, donde visitó la casa natal de Santa Teresa. El paisaje descrito en su pieza y en definitiva todo el texto, en que "Santa Teresa" se menciona casi 200 veces, se corresponde con la impresión que le causó visitar los lugares de la santa española y una reflexión profunda sobre la singularidad de esta figura, ofrecidas de manera poética. De este modo, la obra clave de la vanguardia americana, curiosamente, gira en torno a una de las personalidades más importantes de las letras españolas, Teresa de Ávila (y en menor medida San Ignacio de Loyola), es decir, que la ópera no solo contribuyó a la difusión del patrimonio cultural español en su momento, sino que nos obliga a reflexionar sobre la importancia del mismo en la inspiración de las formas y lenguajes teatrales contemporáneos y, viceversa, este texto ofrece elementos para entender la dramaturgia española más contemporánea al amparo de una genealogía histórica.

Como relata Steven Watson en su documentado libro sobre la génesis de la pieza y el estreno (1998), Virgil Thomson y Gertrude Stein se conocieron en 1926 en París y congeniaron inmediatamente. El primer fruto de su colaboración fue el poema "Susie Asado", que Thomson regaló a Stein y su pareja Alice B. Tocklas el día de Año Nuevo de 1927 (después vendrían "Preciosilla" y "Capital Capitals"). Unos meses después, el compositor propuso a Stein escribir una ópera juntos. Hasta entonces ni Thomson era muy conocido ni se había llevado a escena ninguna de las obras de Stein. Ese mismo año decidieron el tema de la obra después de muchas discusiones y de descartar, entre otros, la historia americana y los dioses míticos: la ópera trataría sobre santos en España, por un lado, por la amistad de la escritora con Picasso y Juan Gris y su relación con el modernismo, y por otro, como se ha dicho, porque Stein admiraba a santa Teresa de Ávila, a quien consideraba una mujer apasionada y fuerte. De hecho, apodó a Toklas como Thérèse después de su "boda de miel" en Ávila en 1912. Pero, además, Thomson explicó:

> ¿Por qué se nos ocurrió a Gertrude Stein y a mí escribir una ópera sobre santos? Simplemente porque vimos entre los religiosos un paralelismo con la vida que llevábamos, en la que artistas consagrados practicaban su arte rodeados de artistas más jóvenes, no menos consagrados, que intentaban y necesitaban aprender las terribles disciplinas de la verdad y la espontaneidad, de canalizar sus habilidades sin perder la inspiración. Ese era nuestro tema; sin duda, ese era nuestro tema. Que la vida cotidiana de los santos pudiera ser, en cuanto a su trabajo y su preparación para él, un modelo para la nuestra.
>
> La ópera se desarrolla entre santos españoles y en España, porque Gertrude Stein vivió allí y amó su paisaje, su intensidad.[25] (Thomson, 2016: 6)

Allen y Sears (2017: 9) señalan otras fuentes en la escritura de la pieza. Stein escribe en *Plays*, el libro que recoge sus conferencias de 1934, un par de escenas que le inspiraron: en un escaparate de la Rue

---

[25] Todas las citas de este apartado son en inglés en el original y han sido extraídas de las fuentes citadas. La traducción al castellano de todas ellas es mía, a menos que se señale lo contrario.

de Rennes en París vio "un grupo de porcelana bastante grande" que representaba a un joven soldado quitándose el casco y dando limosna a un mendigo; en un puesto del Boulevard Raspail vio una serie de pequeñas fotografías en las que aparecía una joven vestida con su ropa cotidiana y cómo, en fotografías sucesivas, la transformaban en una monja. "Durante años me detuve a contemplarlas mientras caminaba y, finalmente, al escribir sobre Santa Teresa, al observar estas fotografías, vi cómo Santa Teresa existía desde la vida de una joven común y corriente hasta la de una monja" (2017: 9). Efectivamente, encontramos esta reminiscencia en el texto:

> Santa Teresa pudo ser fotografiada habiendo sido vestida como una dama y entonces ellos cogiéndole la cabeza la transformaron en la de una monja y una monja una santa y una santa así. Santa Teresa sentada y no rodeada podría muy bien inclinarse a ser fijada.
> Hecha para venir para estar aquí.
> Cuántos santos pueden sentarse alrededor. Una gran cantidad de santos pueden sentarse alrededor con uno solo quedándose de pie.

Siete meses después Stein entregó a Thomson un montón de folios llenos de frases sin párrafos ni narrativa. No sugería ningún personaje específico, salvo Santa Teresa y San Ignacio (aunque ambos santos vivieron en siglos distintos y nunca se conocieron). Thomson, según contó él mismo a Watson en varias entrevistas, se sentó ante su piano alquilado en el 17 Quai Voltaire e improvisó una y otra vez con las palabras que tenía delante. Cuando le gustó el resultado, escribió las notas. La única modificación significativa que le pidió a Stein fue que le permitiera añadir una segunda Santa Teresa, para que pudiera haber duetos, a lo que ella accedió. La noche de Navidad de 1927, Thomson interpretó el primer acto para Gertrude, Alice y sus amigos, acompañándose al piano de memoria. A partir de entonces, la velada se denominaría "la producción de París". En pocos meses, la ópera estuvo acabada, pero pasarían seis años antes de que se estrenara.

Entre medias, Stein y Thomson incluso perdieron la amistad a raíz de una colaboración de la autora con el joven poeta francés Georges Hugnet[26]. De hecho, Stein llegó a hacer tarjetas de visita en las que

---

[26] Georges Hugnet tradujo al francés fragmentos de *The Making of Americans* (1925) y Stein, a su vez, tradujo poemas de Hugnet, pero creando sus propias versiones, por lo que pretendió acreditar la autoría de ambos bajo el título original: *Enfances*. Hugnet no estuvo de acuerdo y Thomson intentó mediar con el resultado descrito. Las versiones

debajo de su nombre escribió: "declines further acquaintance with Mr. Thomson" ("rehúsa seguir conociendo al Sr. Thomson"). Stein publicó *Cuatro santos...* por primera vez en *Transition*, periódico de Eugéne Jolas, a finales de 1928. Mientras, y a pesar de su desencuentro con Stein, Thomson siguió buscando el modo de hacer posible la puesta en escena. Gracias a Chick Austin, visionario director del Wadsworth Atheneum de Hartford, Connecticut, se consiguió la financiación para el estreno. *Four Saints in Three Acts* se estrenó en Hartford el 7 de febrero de 1934. Dos semanas más tarde la ópera llegó a Broadway con un elenco totalmente negro en el Teatro de la Calle 44, donde se convertiría en la primera ópera en ser representada en Broadway y el espectáculo de mayor duración en la historia de Broadway hasta ese momento (récord superado dos años más tarde por otra producción totalmente negra, *Porgy and Bess*). En abril de 1934 se trasladaron al Empire Theatre, situado entre la Calle 40 y Broadway. Entre las curiosidades de la producción destaca el que no se estrenara en un teatro de ópera y además el hecho de que ninguno de los colaboradores clave había trabajado antes en una ópera.

El texto de *Cuatro santos...*, como todos los críticos repiten, no tiene ningún sentido, o en todo caso, tiene un sentido críptico, "privado y altamente estilizado". "No requiere información especial, análisis textual ni explicaciones", sino que se trata más bien de "un juego que no es necesario entender para disfrutar" (Watson, 2017: 8). Carl Van Vechten también se preguntaba, tras el estreno, por qué el público debería exigir una trama: "Es como mirar un cuadro y exigir una historia". Preguntada sobre el significado de la pieza en distintas entrevistas de 1934, Stein respondía: "si la disfrutas, la entiendes". Pero también escribió en *Lectures in America:*

En *Cuatro santos* hice de los santos el paisaje...
Las urracas están en el paisaje, es decir, que están en el cielo del paisaje, son blancas y negras y están en el paisaje en Bilignin y en España, especialmente en Ávila. [...]
[...] Parecen exactamente como los pájaros en los cuadros de la Anunciación, el pájaro que es el Espíritu Santo [...]
Había urracas en mi paisaje y había espantapájaros.
[...]

---

de Stein de los poemas de Hugnet se publicaron en 1931 con el título *Before the Flowers of Friendship Faded Friendship Faded* (Watson, "Four saints in three acts", *Artforum* 50(3), noviembre 2011, en línea: www.artforum.com/columns/four-saints-in-three-acts-198582).

Ellas, las urracas, pueden contar su historia si ellas y tú queréis o incluso si yo quiero, pero las historias son solo historias y que ellas permanezcan en el aire no es una historia, sino el paisaje. Que los espantapájaros permanezcan sobre el suelo es la misma cosa, podrían ser una historia, pero son un trozo de un paisaje.[27]

Efectivamente, como apunta Bonnie Marranca en *Ecologies of the Theatre* (1999), la obra pertenece a un género teatral creado por Stein: la pieza paisaje. En este tipo de espectáculo no se trata de contar una historia ni de convencer con discursos, sino que el tipo de fruición tiene que ver con la contemplación, el placer que experimentamos al percibir la naturaleza por todos los sentidos, o al entrar en un templo, sin urgencias, siguiendo el ritmo de nuestros deseos. Décadas más tarde, Robert Wilson señaló que para él *Cuatro santos...* era "una meditación sobre la alegría de vivir". De hecho, el compositor Virgil Thomson resumió:

Así que no intenten interpretar las palabras de esta ópera literalmente ni busquen en su música referencias indebidas a la España moderna. Si, a través de las libertades de la poeta con la lógica y el uso constante del compositor del lenguaje musical más sencillo, se evoca algo de la alegría interior y la fuerza de vidas consagradas a un fin inmaterial, los autores considerarán su labor recompensada. (2017: 6)

Aunque cuando el director John Houseman le pidió una explicación para entender el libreto, le comentó que la ópera era una metáfora de la vida artística de París en los años 1920s, que Santa Teresa representaba a Gertrude Stein y San Ignacio a Joyce o André Gide. Otros estudiosos de la pieza han llegado a la misma conclusión sobre el carácter autorreferencial de la misma (Bonnie Marranca, Marc Robinson...). –Nos preguntamos qué broma le gastaron si "El día de los inocentes no es un placer"–. Sin embargo, si tenemos en cuenta lo dicho anteriormente, Santa Teresa podría ser Toklas y no Stein: "Quién decide sobre una vida privada". "Santa Teresa. Puede una mujer tener deseos". "Santa Teresa ha sido una reina no como tú podrías entender la realeza no como tú podrías entender el deterioro no como tú podrías entender".

---

[27] Traducción de Lola Fernández de Sevilla; ver íntegra en p. 110.

O quizás Santa Teresa son ambas, pues Thomson quiso que hubiera dos Santa Teresas que pudieran interpretar duetos, porque, como decía su primer biógrafo Malcolm Brinnin, Alice era la sombra palpable y satélite de Stein (1959: 101).

En todo caso, Thomson valoraba profundamente la escritura de Stein precisamente por su forma y no por su significado:

> A Gertrude Stein le gustaban las rimas y las melodías, y no le temía a lo común. Su himno de comunión para todos los santos es "Cuando esto veas, acuérdate de mí". Y cuando San Ignacio ve al Espíritu Santo, describe su visión como "Palomas en la hierba, ¡ay!, y una urraca en el cielo". También le encantaba escribir finales extensos como las grandes codas de Beethoven, llenos de énfasis, insistencia y repetición. De hecho, escribía poesía de forma muy parecida a como lo hace un compositor. Elegía un tema y lo desarrollaba; o mejor dicho, dejaba que las palabras se desarrollaran a través de la libre expansión del sonido y el sentido.
>
> Poner música a poesía concebida tan musicalmente como la de Gertrude Stein ha sido un placer desde hace mucho tiempo. Su espontaneidad, su fluidez y su profunda sinceridad siempre me han parecido perfectas para la música.
>
> Nunca había estado en España, y me abstuve de ir hasta terminar la partitura. No quería encontrarme con la España del siglo xx, tan impregnada musicalmente de las costumbres gitanas del siglo xix, mientras intentaba evocar una época anterior. Tampoco me atreví a intentar una reconstrucción histórica musical cuando mi libretista no había asumido tal obligación. Así que tomé mi libertad musical siguiendo su libertad poética. (Thomson, 2017)

De hecho, pensó que "para hacer algo serio con la ópera en un nuevo idioma era necesario volver a las formas más primitivas y contundentes. Pensaba que la ópera seria italiana de los siglos xvii y xviii era precisamente el tipo de forma con la que se podía lograr algo" (Allmer y Sears, 2017: 9).

Y en otra ocasión, cuando le preguntaban por qué no había usado una técnica musical avanzada para componer lo que parecía una pieza de poesía moderna avanzada, explicó: "No se puede ser avanzado en todo. Lo que ese texto necesita es claridad. Necesita música para que fluya. Por oscuro que sea, si le añades más complejidades musicales, le impides fluir, como si le pusieras arena a un engranaje. No quieres crear fricción, quieres eliminarla" y "Gertrude era maravillosa para musicar porque no había tentación de ilustrar las palabras... Si haces la pronunciación de las palabras claras, el sentido se ocupará de sí mismo" (citado en Watson 2017).

Como explica Watson tras las numerosas entrevistas mantenidas con el compositor, Thomson se inspiró en muchas formas musicales estadounidenses conocidas como las marchas de los desfiles y las canciones infantiles, y otras que conocía bien por su trabajo como pianista en películas mudas y como organista de iglesia. Como él mismo comentaba: "Una judía y un protestante crean una ópera sobre la España del siglo XVI y, al escribir esa música, recordé casi por completo mi educación baptista del sur en Misuri". Todo ello sin olvidar que conocía muy bien la música contemporánea por su amistad con Les Six, un grupo de compositores franceses de vanguardia, y había estudiado con Nadia Boulanger, legendaria profesora de artistas como Aaron Copland y Philip Glass. Por ello, los elementos de sus americanismos a menudo se compensaban con cambios de tonalidad menor, arpegios triádicos y cambios bruscos de tempo (Watson 2017).

El biógrafo del compositor, Anthony Tommasini describe así la composición:

> Los variados materiales musicales y estilos alternan constantemente. La enfática música en tono menor, cantada por el coro en armonías a pleno pulmón, hace que los juegos de números de Stein (...) suenen como verdades religiosas. Un cuarteto vocal (…) podría ser un fragmento de madrigal inglés. Hay marchas cuadradas, pasajes secuenciales con melodías lastimeras, cantos al unísono para el coro que evocarían la música sacra renacentista a no ser por la maravillosamente extraña letra (...) Pasajes de recitativo neobarroco, fragmentos de himnos improvisados, cancioneros, bailes de salón, fanfarrias. La música de Thomson es una cautivadora mezcla de materiales. Sin embargo, la continuidad e integridad de la línea musical nunca se ponen en duda, y el tono, aunque humorístico, es sereno y sincero. (1997: 169)

Atkins ha recopilado varias críticas musicales del estreno en las que los analistas de distintas revistas declaran haber escuchado: Mozart, canto gregoriano, tangos españoles [sic], espirituales negros, banalidades en Do mayor, cantos anglicanos, imitaciones de campanas, imitaciones del *minstrel show*, ópera italiana, etc. (2005: 46). En definitiva, manifestaciones de arte elevado y popular. Lo curioso, como señalaba el propio compositor, es que los críticos teatrales alabaron la música, y los musicales, el texto.

Pero antes de componer la ópera hubo que tomar varias decisiones sobre el texto para convertirlo en un libreto. La obra literaria de Stein, cuya traducción publicamos aquí, no tenía papeles asignados y su estructura, aunque curiosa, no se corresponde con las convenciones teatrales ni operísticas.

[Prólogo]
Acto Uno
Repetición del Primer Acto
Actúa el final de un acto
Escena Dos
Escena III
Escena III
Escena IV
Escena III
Escena IV
Acto Dos
Escena Uno
Acto Uno
Escena VII
Acto II
Escena II
Escenas III y IV
Escena IV
Escena IV
Escena V
Escena V
Escena V
Escena V
Escena V
Escena V
Escena V
Escena V
Escena VI
Escena VII
Escena Ocho
Escena IX
Escena X

Muchas de estas escenas tenían unas pocas palabras o incluso ninguna, y desde luego las repeticiones en el número de la escena no significan una repetición idéntica del contenido.

Thomson encargó el libreto a su amante, el pintor Maurice Grosser, quien transformó el texto en una serie de cuadros en los que se veía a los personajes, identificados como santos españoles, charlando, haciendo picnic, marchando en procesión y pintando huevos de Pascua gigantes, es decir, creando un teatro de imágenes[28] en vez de un drama de acción, como no podía ser de otra manera. La estructura quedó así:

---

[28] Marranca, Bonnie, *The Theatre of Images*, New York, The Drama Book Specialist, 1977.

1.– Prólogo: Narrativa de la preparación para los santos
Ávila. Escalinata y portal de la catedral.

Acto I
Ávila. Santa Teresa, mitad interior, mitad exterior.
2.– Cuadro I
Un jardín en Ávila a principios de primavera. Hay un muro y un árbol. Santa Teresa II está sentada bajo el árbol pintando flores en huevos muy grandes.
3.– Cuadro II
Santa Teresa II con una paloma, siendo fotografiada por San Settlement.
4.– Cuadro III
Santa Teresa II sentada. San Ignacio, arrodillado, toca la guitarra.
5.– Cuadro IV
San Ignacio ofrece flores a Santa Teresa II.
6.– Cuadro V
San Ignacio muestra a Santa Teresa II la maqueta de una Mansión Celestial.
7.– Cuadro VI
Santa Teresa II en éxtasis, sentada, con un ángel flotando.
8.– Cuadro VII
Santa Teresa II, con aureola, simulando sostener un bebé en brazos.
9.– Cuadro VIII
Sin pose. Santa Teresa I y Santa Teresa II, del brazo, bajan las escaleras y estrechan la mano de todos.

Acto II
1.– Podrían ser montañas si no fuera Barcelona.
En el campo, al aire libre.
2.– Danza de los Ángeles
3.– Juego
4.– Escena de amor
5.– Canción de bebida
6.– Visión de una mansión celestial
7.– Pantomima (Santa Teresa I y San Ignacio)

Acto III
1.– Barcelona. San Ignacio y uno de dos, literalmente.
Jardín monástico con árboles bajos y un muro; tras el muro, un horizonte español despejado y un cielo vacío. Santos hombres están sentados en círculo remendando redes de pesca.

2.– Visión del Espíritu Santo
3.– Ballet: *Tempo di Tango*
4.– San Ignacio predice el Juicio Final
5.– Procesión de los Santos
6.– *Intermezzo*
7.– Prólogo del Acto IV
   Sin más decorado que el cielo, con nubes tumultuosas y un sol radiante. Santos en el Cielo.

El texto se repartió entre los distintos personajes: Sta. Teresa I, St. Teresa II, St. Ignatius, Commère, Compère, St. Settlement, St. Chavez, St. Stephen, St. Absalom, St. Anne, St. Answers, St. Cecilia, St. Celestine, St. Eustace, St. Genevieve, St. Jan, St. Placide, St. Lawrence, St. Philip, St. Plan, St. Sarah, St. Vincent, Tenor solo, y dos coros: coro I y coro II.

La decisión determinante para el éxito de la representación fue la de contar con un elenco totalmente negro. La decisión fue de Thomson, y Carl Van Vechten cuenta esta historia, publicada en el libreto y programa del estreno en 1934.

Virgil me había acompañado a la función del Lyric Theatre de Nueva York de *Run, Little Chillun*, obra coral de Hall Johnson interpretada por negros. Fue en el intermedio, creo, cuando Virgil se giró a mí y dijo: "Voy a hacer que *Cuatro santos...* sea cantado por negros. Solo ellos poseen la dignidad, el aplomo y la naturalidad que exige una interpretación adecuada de la ópera. Poseen las voces ricas y resonantes esenciales para cantar mi música y la pronunciación clara necesaria para interpretar el texto de Gertrude". (Atkins, 2005: 37)

Thomson, en cambio, escribió que la inspiración le llegó en el Hot-Cha Bar and Grill de Harlem viendo al tenor Jimmie Daniels interpretar *I've Got the World on a String*: "Tuve una idea genial. De repente, me di cuenta de que cantaba con tanta claridad que podía entender todo lo que decía. No solo vocalizaba y añadía algunas consonantes aquí y allá, sino que cantaba la letra" (citado por Atkins, 2005: 37). Independientemente de que ocurriera en un lugar u otro, el compositor narraba en una conversación con Alan Rich en 1965:

Durante los años treinta nos gustaba terminar nuestras noches en uno de los clubes nocturnos de Harlem; era lo que se hacía en aquellos tiempos.

Cada vez me parecía más inevitable que la forma en que los cantantes negros producían sus letras y la total naturalidad de su estilo fueran lo que buscábamos para *Four Saints*. Pensábamos que los cantantes blancos profesionales podrían burlarse de las estrofas, y probablemente teníamos razón. Los negros que reunimos para la primera actuación no solo lo aceptaron todo; al final de una semana de ensayos, hablaban como Stein cuando estaban fuera del escenario.[29]

Al año siguiente, en su autobiografía, repite y amplía las mismas percepciones –explicadas de un modo desafortunadamente racista para la sensibilidad contemporánea, basadas en estereotipos y esencialismos reductores–. Como señala Atkins, Thomson vio en su representación lo que esperaba ver:

Los negros resultaron ser gratificantes en todos los sentidos. No solo podían articular y cantar, sino que parecían comprender por qué cantaban. No se resistieron en absoluto al lenguaje oscuro de Stein, lo adoptaron como propio y conversaban citando pasajes de él. Se movían, cantaban y hablaban con entusiasmo, asumían los roles sin timidez, como si fueran los santos que decían ser. A menudo me maravillaba el milagro por el cual la esclavitud (y cierto mestizaje) los había convertido en cristianos de una época anterior a la nuestra, no analíticos, autocompasivos ni románticos en el sentido decimonónico, sino robustos, extrovertidos e incluso, en la adversidad, sostenidos por la alegría interior. (citado por Atkins, 2005: 38)

Desde luego, poco tenía que ver con la percepción del elenco. Un miembro del coro, Kitty Mason, dijo: "Una pasa por esto día tras día, y día tras día saca algo de ello; no era del todo absurdo" (citado en Watson, 1998: 252). Por su parte, la directora del coro, Eva Jessye, contó:

Con esta ópera tuvimos que pisar terreno nuevo, algo completamente ajeno a nuestra naturaleza. No como *Porgy and Bess*, que llegó al año siguiente; esa era nuestra herencia, nuestras propias vidas. Pero ¿qué sabíamos de las mentes de Gertrude Stein y Virgil Thomson? Realmente nos aventuramos en eso. (citada en Allman, 2017: 7)

---

[29] Rich, Alan, "Four Saints: Humanity is the Key Word", *Hi-Fidelity*, 1965, pp. 70-71.

Como señala Atkins, si el elenco no entendía algunas cuestiones no era debido a su falta de capacidad de análisis, sino a que Thomson, Ashton y Houseman hablaban en francés cuando no querían que el elenco les entendiera.

El reparto fue seleccionado por el propio Thomson, y estaba compuesto principalmente por cantantes anónimos o aficionados de coros o iglesias (Watson, 1998: 315). Junto con el coreógrafo Ashton, reclutó a los bailarines en Harlem y dirigió los ensayos. Algunos de los nombres del reparto que cabe destacar son: Edward Matthews, quien interpretó a San Ignacio y tuvo el mayor éxito posterior en su carrera. Se casó con Altonell Hines, que interpretó a la Comadre. Beatrice Robinson Wayne fue Santa Teresa I, mientras que el compadre fue Abner Dorsey y Embry Bonner fue St Chavez. Poco se sabe del resto de cantantes: Bertha Fitzhugh Baker, Thomas Anderson (St Giuseppe), Flossie Roberts, Edward Batten, Florence Hester, George Timber, Paul Smellie, etc.[30] Las tres bailarinas provenían de la Grace Giles Dancing School, aunque solo se conocen dos nombres: Marble Hart y Melba Love. Los bailarines masculinos fueron: Floyd Miller, Billie Smith, y Maxwell Baird, y todos ellos trabajaban en el Savoy Ballroom. Al menos uno de ellos era amante del coreógrafo.

En total, el equipo escénico estaba formado por siete solistas, un coro de 36 cantantes y 34 músicos en la orquesta (Watson 2017). Como se ha dicho, no era la primera producción de la época en EE UU que incluía un casting totalmente negro, pero sí la primera cuya temática no tenía que ver con historias de personas afroamericanas.

Si bien el elenco era totalmente negro, como se ha dicho, la única artista afroamericana del equipo artístico fue la famosísima directora de coro Eva Jessye, cuyo conjunto, el Eva Jessye Choir, participó en esta pieza y al año siguiente en *Porgy and Bess*.

La artista surrealista Florine Stettheimer diseñó el vestuario y la escenografía con la asistencia del actor y diseñador Kate Drain Lawson, creando un ciclorama celestial de celofán y árboles de plumas. Leslie Atkins ha señalado cómo la artista se sorprendió al descubrir que el elenco tenía distintos tonos de piel, por lo que propuso seriamente maquillarles de blanco o plateado para unificar su color y que armonizaran con los de la escenografía. Finalmente se decidió maquillarles con la misma base de color medio, y ponerles guantes blancos para que los tonos de las manos no despistaran.

---

[30] Allman y Sears han reunido los datos disponibles sobre sus biografías, formación y devenir de sus carreras.

Frederick Ashton coreografió algunas danzas de ballet y dirigió los movimientos de todo el elenco, del cual dijo: "Ninguno de ellos estaba entrenado, pero naturalmente, como toda la gente negra, sabían cómo moverse" (Atkins, 39). Algo parecido pensaba, por cierto, Stein, que en *Everybody's Autobiography* comenta cómo los actores negros actúan de manera tan natural que puede interpretar cualquier cosa bien, porque para ellos interpretar no es actuar, sino ser.

Finalmente, John Houseman dirigió la producción, pero en realidad fue contratado por Thomson más bien para coordinar los elementos que él mismo ya había decidido.

Se conserva mucha documentación[31] de la puesta en escena porque la función, ensayos y muchos miembros del elenco y el equipo fueron fotografiados por importantes fotógrafos de la época: Lee Miller, la fotógrafa de moda más importante del momento y novia del director de escena de la producción John Houseman; el novelista, amigo personal de Stein y fotógrafo Carl Van Vechten, famoso por su escandalosa novela *Nigger Heaven* y su conexión con el Harlem Renaissance; George Platt Lynes, y los fotógrafos del White Studio.

Así, la escenografía estaba compuesta por un gran ciclorama de celofán artísticamente unido y arrugado, enmarcado en un arco de cintas. En el centro, un segundo escenario enmarcado por un arco de globos que representa la puerta de la catedral, con una palmera de celofán a cada lado y sendos leones de piedra. A ambos lados del escenario, plataformas para el coro. El efecto, para algunos de los asistentes, era simple y *naif*, pero el vestuario, por el contrario, se percibía como sumamente sofisticado y sensual. El compadre y la comadre iban vestidos con elegantes trajes contemporáneos. Las bailarinas con vestidos brillantes ajustados y muy cortos, y los bailarines con pantalones también extraordinariamente cortos. Los santos con túnicas eclesiásticas. De hecho, a partir de la pieza se pusieron de moda este tipo de túnicas de santos, y así se publicitaban en los anuncios de prensa. El efecto, al abrirse el telón, fue tremendo, y causó asombro y deleite en el público.

Lo que no aparece en las fotografías o en las grabaciones musicales son las coreografías, en las que Ashton mezcló lo culto y lo popular, como ocurría con la música. Movimientos extraídos del entrenamiento desarrollado por él y otras de sus creaciones mezcladas con danzas

---

[31] La exposición 4 Saints in 3 Acts: A Snapshot of the American Avant-Garde, que tuvo lugar en The Photographers Gallery en Londres reunió y expuso la mayor colección de fotos relacionada con la ópera de Stein y Thomson entre el 19 de octubre de 2017 y el 11 de febrero 2018.

de clubes nocturnos como el Savoy, en el que trabajaban sus bailarines: *sake hips* (una danza muy popular en los años 20′), Charleston, Lindy Hop, tango, reminiscencias de *La siesta de un fauno* de Nijinsky, etc.

El consenso de la crítica considera la ópera como un evento que combinó en una configuración única un conjunto clave de dimensiones estéticas, sociales, culturales y políticas, dando lugar a una obra poderosamente sincrética, aunque supuestamente absurda. La mayoría de los críticos, y los comentarios publicados de muchos de quienes trabajaron en la ópera coinciden en esta dimensión sincrética, destacando los productivos dinamismos y tensiones resultantes de colaboraciones a veces difíciles entre medios y disciplinas, así como entre fronteras nacionales, de clase, raciales y sexuales. (Allmer y Sears, 2017: 8)

El estreno ha tenido muchas lecturas, incluida una lectura *queer* (Hubbs, 2024), pero aquí nos interesan las relativas a la raza, como la de Webb (2000) y Atkins (2005). Para Webb la ópera fue una mezcla entre el modernismo de Stein y la *performance* negra. Leslie Atkins Durham va más allá y demuestra que lo que hizo que la producción tuviese tanto éxito fueron las ideas y estereotipos racistas propios del estilo primitivista del texto y el espectáculo, que permitían al público completar los huecos del texto de Stein. Porque, si el libreto no contaba nada, el público buscaría sentido en los intérpretes. Por eso, según la académica, la "negrofilia" (y "negrofobia"), causada por el Harlem Renaissance, afectó tanto a los artistas involucrados en la puesta en escena como a la audiencia. De hecho, las críticas comentaban cosas como que un elenco blanco nunca hubiera podido cantar esta ópera, no solo por cuestiones vocales como porque el texto demanda ignorancia e ingenuidad. De ahí que cuando en 1952 Thomson intentó remontar la pieza con los mismos diseños fue un absoluto fracaso. Muchas cosas habían pasado en la lucha por los derechos civiles y el público ya no tenía la misma percepción del espectáculo. Las imágenes concernientes a la identidad racial habían cambiado drásticamente.

Decíamos en la introducción que esta pieza supone un hito en la historia del teatro posdramático y en la del antirracismo, y así es, independientemente del racismo inconsciente de autores y público. En un país donde imperaban estrictas leyes segregacionistas y el Ku Klux Klan todavía campaba a sus anchas cometiendo todo tipo de crímenes, la retórica de Thomson puede sonarnos hoy deleznable, pero su admiración por los artistas de Harlem, así como su decisión de contratar a todo un elenco negro para representar a santos blancos que a su vez representan a la bohemia internacional parisina, no deja de tener su mérito en el complejo camino de la lucha antirracista. En todo caso, como decía en la introducción, otorgar voces y cuerpos negros a unos personajes a priori blancos sobre el papel implicó un contundente discurso estético y político.

En cuanto a Stein, hay discrepancias sobre su postura ante la cuestión racial. Según Atkins, ni se posicionó ni tuvo amigas o amigos negros, aunque ayudó a traer al mundo a muchos bebes afroamericanos durante sus prácticas de medicina. Sin embargo, Eulalia Piñero afirma la "explícita militancia antirracista de Stein quien contaba con la amistad de la inigualable artista exiliada Josephine Baker y de la que su novela *Melanctha* (1905) es un claro ejemplo" (2004: 73).

Atkins señala un párrafo en la *Autobiografía de Alice B. Toklas* que suele usarse para ilustrar su posible racismo. Tras una conversación con Van Vechten y Paul Robeson escribe: "Gertrude Stein concluyó que los negros no estaban sufriendo de persecución, estaban sufriendo de nada. Ella siempre dice que el africano no es primitivo, tiene una muy antigua pero muy estrecha cultura y ahí se ha quedado. Por eso nada sucede ni puede suceder nada". Atkins señala que lo que aquí escribe está en realidad en consonancia con lo que escribe sobre los santos: "Un santo, un santo de verdad, no hace nada; un mártir hace algo, pero un buen santo no hace nada. Por eso quería tener cuatro santos haciendo nada, y escribí *Cuatro santos en tres actos* y no hacían nada y eso fue todo" *(Everybodys's Autobiography)*. Por eso la estudiosa señala que, si Stein hubiera tenido una teoría coherente sobre la raza, habría pensado que los afroamericanos eran los actores ideales, porque en su mente los santos y los afroamericanos no hacen nada (2005: 42). En todo caso, no se opuso a la conformación del elenco. Desde mi punto de vista, complementando a Atkinson y sabiendo cuánto le gustaban a Stein los juegos de palabras y mensajes crípticos, cuando dice que las personas negras no están sufriendo de persecución sino de "nada", puede entenderse que Stein no niega la persecución, sino que lo que les hace sufrir no es esta, sino la *nothingness*, es decir, el estado de no existencia o la insignificancia a la que quedan reducidas sus vidas tanto por la segregación como por la inacción propia de su cultura inmutable. Una "nada" diferente a la de la vía mística carmelitana, que por sus palabras podemos colegir que Stein comprendía bien.

Cuando Stein escribió la pieza no se había contemplado todavía la posibilidad de un elenco afroamericano, y sin embargo hay algunas frases que lo anticipan, como la alusión a la famosa canción patriótica: *My Country 'Tis of Thee* escrita en 1831 por Samuel Francis Smith, sobre todo porque en 1843 A.G. Duncan escribió una versión antiesclavista[32] no menos famosa en la que se dicen cosas como "Mi país... fortaleza de la esclavitud... donde todos los hombres nacen libres si son blancos... odio la venta de negros... llegará el día... en que la bandera de la libertad ondeará sobre cada esclavo... Gloria a dios en las alturas a la caída de la esclavitud".

Unas frases en la escena dos del primer acto tienen también honda resonancia a la luz del elenco: "Santa Teresa. Podría un negro existir existir con una barba ver y existir. / Santa Teresa. Nunca haber haber visto un negro allí y así". Si Santa Teresa es Stein, como apunta Thomson, ¿a qué episodio personal se está refiriendo la autora?

Otra frase relativa al racismo y absolutamente premonitoria llama nuestra atención. Se encuentra al final del primer Acto: "Si fuera posible matar a cinco mil chinos apretando un botón se haría". Unos años después, como es bien sabido, apretando un botón, su país natal mató a más de 100 000 personas, aunque no eran chinos, sino japoneses.

El estreno de *Cuatro santos...* fue un evento muy singular que no consiguió el mismo éxito cuando se reprodujo la misma puesta en escena en 1952. Como decíamos en la introducción, solo la versión de Bob Wilson ha tenido repercusión. Tuvo la particularidad de que en ella aparecían animales enormes y todo ocurría con la "lentitud glacial" que caracteriza al director. Watson comenta haber visto producciones en una escuela del Upper East Side, en una iglesia, en la Academia de Música de Brooklyn, en el Teatro Estatal de Nueva York del Lincoln Center, en el escenario abarrotado del Teatro Martin E. Segal de la CUNY. Pero quizás las más reseñables son la de Mark Morris, quien la convirtió en una pieza de danza con músicos y cantantes en el foso de la orquesta, y la versión en San Francisco, dirigida por Staufenbiel, en la que se evoca el tema de la eutanasia. En ella Santa Teresa es una mujer que abraza la muerte inminente y recurre a San Ignacio, un médico, para acelerar el proceso. Él le proporciona la sobredosis fatal de drogas que toma al final del primer acto. Ignacio es condenado en un juicio y muere en la silla eléctrica. La última, como comentábamos en la introducción, fue un unipersonal interpretado por David Greenspan en 2022 (Watson, 2011: en línea).

---

[32] Puede leerse la letra en: Jarius Lincoln, [ed.] *Anti-Slavery Melodies: for the Friends of Freedom. Prepared for the Hingham Anti-Slavery Society. Words by A.G. Duncan.* (Hingham, [Mass.]: Elijah B. Gill, 1843), 28-29.

En 2017 el Boston Modern Orchestra Project interpretó la obra completa en formato de concierto, que fue grabada y puesta a disposición de la audiencia.

5. Bibliografía

Recogemos a continuación las ediciones de los textos de las que parten nuestras traducciones. Respecto a Olympe de Gouges, aportamos otras ediciones de *La esclavitud de los negros* debido a que la autora publicó distintas versiones, las dos ediciones de otros textos de la autora que pueden encontrarse en castellano, excepto "Los derechos de la mujer y de la ciudadana", pues hay muchos documentos en internet que puede descargarse fácilmente y, finalmente, estudios en castellano sobre la autora.

En cuanto a Gertrude Stein, recogemos las ediciones de sus obras teatrales completas en inglés, sus obras no teatrales traducidas al castellano, y algunos estudios, la mayoría en inglés, sobre *Cuatro santos en tres actos*, fundamentalmente libros, porque la mayoría de los artículos y otras obras citadas menos específicas las hemos consignado en notas a pie de página para hacer más fácil la consulta. Incluimos también dos grabaciones de las dos óperas fruto de la colaboración de Stein con Thomson.

Finalmente, añadimos una brevísima bibliografía sobre abolicionismo, negritud y teatro en Francia, EE UU y España.

5.1. Ediciones de los textos
Las ediciones utilizadas en este volumen son:

Gouges, Olympe de, *L'Esclavage des noirs ou l'heureux naufrage*, Paris, Veuve Duchesne, 1792 [en línea: gallica.bnf.fr/ Bibliothèque nationale de France].
Stein, Gertrude, *Operas and Plays*, Barrytown, New York, Station Hill Press, 1987, pp. 10-47.

5.2. Otras ediciones de *La esclavitud de los negros*
Œuvres de Madame de Gouges, dédiées à Monseigneur le prince de Condé, 3 vol., Paris, Cailleau, 1788. Avec approbation et privilège du Roi.
Mémoire pour Mme de Gouges contre la Comédie-Française, 1790.
Œuvres, présentées par Benoîte Groult, Paris, Mercure de France, coll. Mille et une femmes, 1986.

L'Esclavage des Nègres, d'après *L'Esclavage des Noirs* d'Olympe de Gouges, adaptation d'Emmanuel Genvrin, La Possession (Réunion), éd. Théâtre Vollard, 1988.

L'Esclavage des Noirs ou l'heureux naufrage, édition et préface d'Eléni Varikas, Paris, Côté-femmes, 1989.

Œuvres complètes, t. 1: Théâtre. Introduction littéraire par Félix-Marcel Castan, Montauban, éd. Cocagne, 1993.

L'Esclavage des Nègres ou l'heureux naufrage, étude et présentation de Sylvie Chalaye et Jacqueline Razgonnikoff, Paris, L'Harmattan, 2006.

5.3. Obras de Olympe de Gouges en castellano

GOUGES, Olympe de, *Escritos disidentes*, Santiago de Chile, Banda propia, 2020.

—. *Camino a la guillotina. Escritos políticos de Olympe de Gouges* Madrid, Contraescritura, 2023.

5.4. Estudios sobre Olympe de Gouges

BORJA, Margarita (ed.): *Olimpia de Gouges o la pasión de existir*, Valencia, Universidad Jaime I, 2011.

MANZANERA, Laura, *Olympe de Gouges, la cronista maldita de la Revolución Francesa*, Madrid, Intervención cultural, 2010.

MEDINA, Isabel, *Olympe de Gouges. La libertad por bandera*, Madrid, Izana, 2016.

SIMÓN RODRÍGUEZ, María Elena: "Olimpia de Gouges: del sueño del pacto a la guillotina", en *Canelobre: Revista del Instituto Alicantino de Cultura "Juan Gil-Albert"* 23-24, 1992: 29-39.

VV.AA., *Mujeres en la historia (3): Ilustración*, Madrid, M.A.R., 2016.

5.5. Compilaciones de la obra teatral completa de Gertrude Stein

STEIN, Gertrude, *Geography and Plays* (1922), Madison, Univerity of Wisconsin Press, 1993.

—. *Operas and Plays* (1932), Barrytown, NY., Station Hill Press, 1987.

—. *Last Operas and Plays* (1949), New York, PAJ Books, 1995.

5.6. Obras literarias de Gertrude Stein en castellano

STEIN, Gertrude, *Guerras que he visto*, Alejandro Palomas (trad.), Madrid, Alba, 2000.

—. *París Francia*, Daniel Najmías (trad.), Barcelona, Minúscula, 2009.

—. *Botones blandos*, Esteban Pujals Gesalí (trad.), Barcelona, Abada, 2011.

—. Ser americanos, Vicenta Aragón Medina (trad.), Madrid, JC, col. Memorias Clementine, 2015.

—. *Tres vidas. Historias de la buena de Anna, Melanctha y la afable Lena*, Madrid, Sitara, 2017.

—. *Picasso*, John Abberton (trad.), Madrid, Casimiro, 2017.

—. *El mundo es redondo*, Clement Hurd (trad.), Madrid, Tres Hermanas, 2019.

—. *Aprender a escribir*, Itziar Hernández Rodilla, Zumalacár (trad.), Madrid, Greylock, 2021.

—. *Autobiografía de Alice B. Tocklas*, Juan Porté (trad.), Sevilla, Extravertida, 2021.

—. *Narración*, Buenos Aires, Interzona, 2024.

—. *Q.E,D., las cosas como son*, Nora Catelli, Edgardo Dobry (trad.), Barcelona, Trampa, 2025.

—. *Ídem, lo mismo*, Barcelona, Kriller71, 2025.

5.7. Estudios sobre Gertrude Stein y *Cuatro santos en tres actos*

ALLMER, Patricia y SEARS, John, *4 saints in 3 acts: A snapshot of the American avant-garde in the 1930s*, Manchester, Manchester University Press, 2017.

ATKINS DURHAM, Leslie, *Staging Gertrude Stein, Absence, Culture, and the Landscape of American Alternative Theatre*, New York, Palgrae Macmillan, 2005.

BRINNIN, John Malcolm, *The Third Rose, Gertrude Stein and Her World*, Boston, Little, Brown and Company, 1959.

HUBBS, Nadine, *The Queer Composition of America's Sound: Gay Modernists, American Music, and National Identity*, Berkeley and Los Angeles, University of California Press, 2004.

PIÑERO GIL, Eulalia, "Las óperas feministas de Gertrude Stein", *Dossiers Féministes 7*, 2004, pp. 63-79.

REQUENA PELEGRÍ, Teresa, *Gertrude Stein. Teatro y vanguardia*, Valencia, Publicacions de la Universitat de València, 2015

THOMSON, Virgil, "By Virgil Thomson", en *Four Saints in Three Acts. Capital Capitals*, Malden, BMOP/sound, 2017, pp. 5-6.

WATSON, Steven: *Prepare for Saints: Gertrude Stein, Virgil Thomson, and the Mainstreaming of American Modernism*, London, Random House, 1998.

—. "By Steven Watson", en *Four Saints in Three Acts. Capital Capitals*, Malden, BMOP/sound, 2017, pp. 7-13.

WEBB, Barbara, "The Centrality of Race to the Modernist Aesthetics of Gertrude Stein's Four Saints in Three Acts", *Modernism/Modernity* 7(3), 2000, pp. 447-469.

5.8. Grabaciones

THOMSON, Virgil and STEIN, Gertrude, *The Mother of Us All. An Opera*, New York, New World Records, 1977.

—. *Four Saints in Three Acts. Capital Capitals*, Malden, BMOP/sound, 2017.

5.9. Estudios sobre abolicionismo, negritud y teatro

Curtis, Susan, *The First Black Actors on the Great White Way*, Missouri, University of Missouri Press, 1998.

Chalaye, Sylvie, *Du Noir au Nègre: l'image du Noir au théâtre*, Paris, L'Harmattan, 1998.

Fra Molinero, Baltasar, *La imagen de los negros en el teatro del siglo de oro*, Madrid, Siglo XXI, 1995.

Hatch, James Vernon y Hamalian, Leo, *Lost plays of the Harlem Renaissance, 1920-1940*, Detroit, Wayne State University Press, 1996.

Hoffman, Léon-François, *The Romantic Negro: Literary Character and Collective Obsession*, Paris, Payot, 1973.

Marranca, Bonnie, *Ecologies of the Theatre*, New York, PAJ, 1999.

Mitchell, Angelyn y Taylor, Danille K. (ed.), *The Cambridge Companion to African American Women's Literature*, Cambridge, Cambridge University Press, 2009.

Newman, Richard S., *Abolitionism. A Very Short Introduction*, Oxford, Oxford University Press, 2018.

Perkins, Kathy A. (ed.), *Black Female Playwrights: An Anthology of Plays before 1950*, Indiana University Press, 1989.

Schaub, Jean-Frédéric y Sebastiani, Silvia, *Raza e historia en las sociedades occidentales. Siglos XV-XVIII*, Valencia, Publicaciones de la Universidad de Valencia, 2025.

Young, Harvey, *Theatre & Race*, London, Palgrave & Macmillan, 2013.

Olympe de Gouges

LA ESCLAVITUD DE LOS NEGROS

o

EL FELIZ NAUFRAGIO

Traducción de Julio Escalada

Reflexiones sobre los hombres de raza negra. Prólogo a la edición de 1788

La naturaleza de los seres humanos de raza negra me ha interesado siempre por su deplorable destino. Nada más mi conocimiento sobre el mundo comenzaba a formarse, en una edad en la que los niños aún no piensan, el aspecto de una mujer negra que me crucé por primera vez me llevó a reflexionar y a plantearme cuestiones sobre el color de su piel.

A los que por aquella época pude preguntar no dieron satisfacción ni a mi curiosidad ni a mis razonamientos. Consideraban a esa gente simplemente salvajes, seres maldecidos por el Cielo. Cuando fui creciendo vi claramente que era el poder y el prejuicio el que los había condenado a esta horrible esclavitud; la Naturaleza no tenía nada que ver en el asunto; era el injusto y poderoso interés de los blancos el artífice de esa realidad.

Concernida desde siempre con esta realidad y con su terrible estado, trabajé este tema en el primer texto dramático que salió de mi imaginación. Varias personas se ocuparon de esta cuestión y han trabajado para mejorar la situación, sin embargo, a nadie se le ocurrió ofrecerla a la escena con el vestuario y el color ideado por mí con la opinión en contra de la Comédie-Française.

El personaje de Mirza tenía su manera natural en su expresión, nada era más tierno que esto. Pienso que añadía interés al drama. Así opinaban todos los conocedores del asunto, a excepción de los actores. Pero no nos ocupemos más de mi obra, ni de su recepción. Ahora se presenta al público.

Volvamos a ese terrible destino de las personas de raza negra. ¿Cuándo este se trocará o, al menos, será aliviado? Desconozco la política de los gobiernos, aunque me parece que es justa. Nunca se ha estado tan concienciado sobre la Ley Natural y sobre el abuso. El hombre es igual en todas partes. Al tener obedientes súbditos la justicia real no precisa ahora de esclavos. Francia no abandonará a los infelices que sufren mil atropellos, una vez puesto su interés y empeño en habitar las islas más recónditas.

La avidez de sangre de los europeos y su codicia por el oro ha hecho cambiar el día a día en estos apacibles lugares. El padre ha menospreciado a su hijo, el hijo ha sacrificado a su padre; los hermanos se han peleado, y los vencidos han sido vendidos como bueyes en el mercado. Digo más: las cuatro partes del mundo se han convertido en un mercado.

¡Un mercado de seres humanos! ¡Dios mío! ¡Tiembla Naturaleza! Si ellos son animales, ¿no podríamos serlo igualmente nosotros? ¿En qué se diferencian los blancos de los hombres de raza negra? En el color. . . Entonces la pálida rubia deseará distinguirse, de la misma manera que lo desea la morena de la mulata.

La tentación es igualmente extraña cuando se trata del negro sobre el mulato. El color del hombre es matizado, como en todos los animales que la Naturaleza ha creado; igualmente en las plantas que en los minerales. Aunque el día no riñe con la noche ni el sol con la luna. Ni tampoco las estrellas con el firmamento. La belleza de la Naturaleza se funda en la variedad. ¿Por qué entonces destruir esta proeza?

¿No es el hombre su obra maestra? El otomano hace a los blancos lo que nosotros hacemos a los negros, aunque no lo tratamos de bárbaro o inhumano. Ejercemos crueldad sobre seres que no tienen más resistencia que la sumisión.

Pero cuando esta sumisión no puede prolongarse por más tiempo, ¿cuál es la consecuencia del bárbaro despotismo de los colonos de estos territorios? Rebeliones de toda especie, matanzas que la fuerza de las tropas no hace sino incrementar, envenenamientos y todo lo que el ser humano llega a hacer una vez ha tomado el camino de la rebelión. ¿No es esto atroz para los europeos que, por medio de sus negocios, se han hecho con considerables haciendas y que se sienten amenazados por el rugido constante de estos desventurados? Los mismos que cultivarían sus fértiles campos si tuvieran más libertad y recibieran mejor trato.

¿No es ya suficiente sus terribles condiciones de vida o sobradamente penosos sus trabajos como para que se les impongan los castigos más horribles por la menor falta cometida? A día de hoy se habla de cambiar su suerte, de proponer medios para hacerlo sin el temor a que estos hombres hagan un mal uso de una libertad plena y subordinada.

No entiendo de política. Se presagia que una libertad general equipararía a los hombres negros con los blancos. Que tras dejarlos dueños de su suerte lo sean también de su destino; que puedan criar a sus hijos junto a ellos. Serán más productivos en los trabajos y, también, más afanosos. El espíritu de la fiesta ya no sería un inconveniente; el derecho a la educación en igualdad con el resto de los seres los hará más sabios y más humanos. Ya no habrá que temer conspiraciones funestas. Serán los cultivadores libres de sus tierras como lo son los labradores en Europa. No abandonarán sus campos para huir a otras naciones.

La libertad hará que algunos deserten, aunque no tantos como los habitantes del campo francés en el que, apenas los jóvenes aldeanos han alcanzado la edad, la fuerza y el ánimo, huyen a la capital para emplearse como lacayos o tejedores. Cien aspirantes por puesto, al tiempo que nuestros campos carecen de mano de obra campesina.

Esta libertad multiplica un número infinito de ociosos, de infelices, finalmente, de malos tipos de toda especie. Poner un límite sabio y saludable a cada pueblo es el arte de los soberanos y de los estados republicanos.

Mis conocimientos naturales podrían hacerme encontrar un camino seguro, aunque me guardaré muy mucho de mostrarlo. Debería estar más instruida e informada sobre la política de los gobiernos. Pero ya lo he reconocido: no sé nada. Presento mis observaciones, buenas o malas, de manera azarosa. Si bien, la suerte de estos infortunados debe interesarme más que a nadie pues hace cinco años que concebí una historia a partir de su lamentable historia.

Tengo un único consejo que dar a los miembros de la Comédie-Française; la única gracia que les pediré en mi vida es la de adoptar el color y el traje negro. Nunca hubo ocasión más favorable, y espero que la representación de este drama produzca el efecto que cabe esperar a favor de estas víctimas de la ambición.

El traje añade la mitad de interés a esta obra. Conmoverá la pluma y el corazón de nuestros mejores escritores. Mi propósito se verá cumplido, mi ambición satisfecha y, a causa del color, la comedia se elevará en lugar de degradarse.

Sin lugar a dudas mi felicidad sería enorme si viera la representación de mi obra como la deseo. Este débil esbozo requiere un cuadro conmovedor para la posteridad. Los pintores que tuvieran la ambición de poner a prueba sus pinceles podrían ser considerados como los fundadores de la humanidad más sabia y útil. Estoy convencida de antemano de que su aportación sostendrá la debilidad de este drama, fortaleciendo el asunto.

Interpreten mi obra, señoras y señores; lleva esperado esta ocasión desde hace mucho. Aquí está impresa, así lo habéis querido. Todas las naciones que están de mi parte os piden su representación, estoy convencida de que no me rebatirán. Esta sensibilidad parecida al amor propio no es sino el efecto que producen en mi corazón los clamores públicos a favor de los seres humanos de raza negra. Cualquier lector que me haya conocido estará convencido de esta verdad.

Sed clementes con mis observaciones. Me despido de vosotros, señoras y señores. Tras estas notas haced con mi obra lo que estiméis. Yo no presenciaré los ensayos. Cedo los derechos a mi hijo para que haga buen uso de ellos; cuídese de emplearse como autor para la Comédie-Française. Si sigue mis consejos no bosquejará un solo papel de arte literario.

Prefacio.
Prólogo a la edición de 1792

En los siglos de la ignorancia los hombres se hacen la guerra; en el siglo más ilustrado, desean destruirse. ¿Cuál será, entonces la ciencia, el régimen, la época, la edad en la que los hombres vivan en paz? Los sabios podrán detenerse y perderse en estas observaciones metafísicas. Yo, que he estudiado solo los buenos principios de la Naturaleza, ya no defino al hombre; mis conocimientos primitivos me han enseñado a juzgar las cosas únicamente según mi alma. Por eso mis producciones tienen únicamente el color de la humanidad.

He aquí, por fin, este drama que la avaricia y la ambición han proscrito, pero que los hombres justos aprueban. En medio de todas las opiniones, ¿cuál debe ser la mía? Como autora refrendaría esta producción filantrópica, pero como testigo de oídas de los terribles relatos de las aflicciones americanas odiaría mi obra, si una mano invisible no hubiera llevado a cabo esta revolución en la que no he participado más que por la profecía que hice de ella. No obstante, me reprochan, me acusan incluso no habiendo visto *La esclavitud de los negros,* estrenada en 1783 en la Comédie-Française, impresa en 1786 y representada en diciembre 1789[33]. Los colonos, a quienes no costaba en absoluto saciar su cruel ambición, ganaron a los comediantes, y se asegura... que la intercepción de este drama no ha dañado sus ingresos. Pero no se trata de un juicio a actores ni a colonos sino a mí misma.

Me ofrezco al examen público; heme aquí detenida: defenderé yo misma mi causa ante este respetable, frívolo tribunal... aunque temible. Voy a entregar mi caso al escrutinio de las conciencias; serán la pluralidad de las voces las que gane o las que pierda.

---

[33] Traducimos lo que escribió la autora en la edición de 1792, pero lo cierto, como queda explicado en el estudio introductorio, es que la obra fue admitida en 1793, publicada en 1788 y estrenada en 1789.

El autor, amigo de la verdad, el autor que no tiene más interés que recordar a los hombres los principios benefactores de la naturaleza, que no respeta las leyes, las convenciones sociales, es siempre un estimable mortal, y si sus escritos no producen todo el bien que había pretendido, se convierte más en lamentable que culpable.

Por lo tanto, es importante para mí convencer al público y a los detractores de mi obra, de la claridad de mis postulados. Esta producción puede estar falta de ingenio, pero no de moral. Gracias a esta moral la opinión estará de mi parte.

Cuando el público lea este drama, concebido en un periodo histórico en que pareciera más bien una ficción tomada del país de las hadas, reconocerá por el contrario que es el cuadro fiel de la situación actual de América. Habiendo sido la obra autorizada bajo el autoritarismo de la prensa, lo entrego hoy en el cuarto año de la libertad. Lo ofrezco al público como una obra auténtica y necesaria de mi reivindicación. ¿Es una creación incendiaria? No. ¿Tiene un carácter insurreccional? No. ¿Posee un objetivo moral? Sin duda sí. ¿Qué pretenden estos colonos hablando de mí con términos tan poco delicados? Son infelices, les compadezco y respetaré su triste suerte; ni siquiera me atrevería a recordarles su falta de humanidad. Me permitiré citar todo lo que escribí para que conservasen sus propiedades y sus bienes más preciados: este drama es una prueba de ello.

Es a vosotros, esclavos a día de hoy, hombres de color, a quienes me voy a dirigir; tal vez tenga un derecho indiscutible para culpabilizar vuestra ferocidad: crueles, imitando a los tiranos, los justificáis. La mayoría de vuestros amos eran compasivos y benéficos, y en vuestra ciega rabia no distinguís a las víctimas inocentes de los perseguidores. Los hombres no han nacido para ser encadenados y parecéis demostrar que estos son necesarios. Si la fuerza mayor está de vuestro lado, ¿por qué poner en práctica todas las furias de sus ardientes regiones? El veneno, el hierro, las dagas, la invención de los más bárbaros y atroces tormentos no os cuestan nada, se dice. ¡Qué crueldad! ¡Qué inhumanidad! ¡Ah! Cuánto gemido de los que querían ofreceros, por medios atemperados, un destino más dulce, una suerte más envidiable que todos esos beneficios ilusorios con los que os han extraviado los autores de las calamidades de Francia y de América. La tiranía os perseguirá, de igual forma que el crimen se ha apegado a esos hombres perversos. Nada os podrá ser concedido. Temed mi predicción, sabéis que está basada en pilares sólidos y verdaderos. Es, guiada por la razón, según la justicia divina, que pronuncio mis oráculos. No me retracto: detesto a vuestros tiranos, pero vuestra crueldad me horroriza.

¡Ah! si mis consejos llegan hasta vosotros, si en ellos podéis ver los beneficios, me atrevo a creer que calmarán vuestras indomables mentes, y os conducirán a una concordia indispensable tanto para el bien de la colonia como para vuestros propios intereses. Estos intereses solo se encuentran en el orden social, vuestros derechos en la sabiduría de la Ley; esta Ley reconoce a todos los hombres como hermanos; esa Ley augusta que la codicia había sumergido en el caos ha finalmente escapado de las tinieblas. Si el salvaje, el hombre feroz la desconoce, está hecho para ser encadenado y domado como las fieras.

Esclavos, gente de color que vivís más cerca de la naturaleza que los europeos, que vuestros tiranos, reconoced sus benéficas leyes y comprended que una nación ilustrada no se ha equivocado tratándoos como hombres y ofreciéndoos derechos que nunca habéis disfrutado en América. Para poneros cerca de la justicia y de la humanidad, recordad, nunca perdáis de vista que es en el seno de vuestra patria donde se os condena a esta horrenda servidumbre, y que son vuestros propios padres los que os llevan al mercado: que se va a la caza del hombre en vuestros terribles ambientes como en otros lugares se caza a los animales. La verdadera creencia del hombre iluminado lo lleva a salvar a su semejante del seno de una horrible situación primitiva en la que no solo los hombres se vendían, sino que aun se comían entre ellos. El auténtico hombre solo considera al hombre. Estos son mis principios, que difieren de los llamados defensores de la libertad, de los agitadores, de esos espíritus incendiarios que predican la igualdad, la libertad, con toda la autoridad y la ferocidad de los déspotas.

América, Francia y tal vez, el universo, deberán su caída a algunos energúmenos que Francia ha producido, a la decadencia de los Imperios y a la pérdida de las artes y las ciencias. Tal vez es una funesta verdad. Los hombres han envejecido, parecen querer renacer y, según los principios del Sr. Brissot, la vida animal conviene totalmente al hombre; amo más que él la naturaleza, ella ha puesto en mi alma las leyes de la humanidad y una sabia igualdad; pero cuando estudio esta naturaleza, a menudo la encuentro en contradicción con los principios, y pienso que todo está subordinado a ellos. Los animales tienen sus imperios, de reyes, de jefes, y su reinado es pacífico; una mano invisible y benéfica parece dirigir su administración.

No soy totalmente enemiga de las ideas del Sr. Brissot, pero las creo impracticables en los hombres: he tratado este asunto antes que él. Me he atrevido, después del respetable autor del *Contrato social*, a ofrecer *La felicidad primitiva del hombre*, publicada en 1789. Es un texto que he escrito; nunca los hombres serán lo suficientemente puros, lo suficientemente grandes para remontarse a esta felicidad primitiva que solo he encontrado en una feliz ficción. ¡Ah! si fuera posible que pudieran divulgarse las sabias y humanas leyes que he establecido en este contrato social, todos los hombres serían hermanos, el Sol sería el verdadero dios que invocarían; pero siempre variantes, el *Contrato social*, la *Felicidad primitiva*, y la obra venerable del Sr. Brissot serán siempre quimeras y no una útil instrucción. Las imitaciones de JeanJacques están desfiguradas en este nuevo régimen, ¿qué serían entonces las de la señora De Gouges y las del señor Brissot? Es fácil, incluso al más ignorante hacer revoluciones sobre el papel; pero ¡ay! la experiencia de todos los pueblos y la propia de los franceses, me enseña que los más sabios y prudentes no establecen sus doctrinas sin producir males de todo tipo. Eso es lo que nos ofrece la historia de todos los países.

Me desvío del propósito de mi Prefacio, y el tiempo no me permite dar rienda suelta a razones filosóficas. Se trataba de justificar *La esclavitud de los negros*, que los odiosos colonos habían proscrito presentándola como una obra incendiaria. Que el público juzgue y se pronuncie, espero su fallo a mi justificación.

Olympe de Gouges

La esclavitud de los negros
o
El feliz naufragio

Drama en tres actos, en prosa

Representado en la Comédie-Française
en diciembre de 1789[34]

---

[34] Para esta traducción seguimos la edición de marzo de 1792.

Dramatis personae

Zamor, nativo instruido
Mirza, joven nativa, amante de Zamor
Sr. de Saint-Frémont, gobernador de una isla en las Indias
Sra. de Saint-Frémont, su esposa
Valerio, caballero francés, esposo de Sofía
Sofía, hija natural del Sr. de Saint-Frémont
Betzi, doncella de la Sra. de Saint-Frémont
Caroline, esclava
Un Indiano, capataz de esclavos del Sr. de Saint-Frémont
Azor, lacayo del Sr. de Saint-Frémont
Sr. de Belfort, mayor de la guarnición
Un Juez
Un Criado del Sr. de Saint-Frémont
Un Anciano nativo
Diferentes nativos de ambos sexos y Esclavos
Granaderos y Soldados franceses

La acción se desarrolla, en el primer acto, en una isla desierta; en el segundo, en una populosa ciudad de las Indias cercana a la isla; y en el tercero, en una residencia próxima a esta ciudad.

Acto Primero

El teatro representa la costa de una isla desierta, bordeada y rodeada de escarpados peñascos a través de los que se ve la mar en lontananza. Delante, en un extremo, la entrada de una cabaña cercada por árboles frutales exóticos. En el otro extremo, el inicio de un bosque tupido. En el momento en el que el telón se levanta una tempestad agita las olas. Vemos un navío que acaba de ser destrozado en la costa. El viento se apacigua y el mar se calma poco a poco.

Escena I

ZAMOR, MIRZA

ZAMOR.– Disipa tus temores, mi querida Mirza; aquella embarcación no ha sido enviada por los que me persiguen. Por lo que veo es un barco francés. Lamentablemente se acaba de estrellar contra la costa. Nadie de la tripulación debe haberse salvado.

MIRZA.– Zamor, solamente temo por ti; no me da miedo el suplicio. Bendeciría mi suerte si terminásemos nuestros días juntos.

ZAMOR.– ¡Oh, mi querida Mirza! ¡Cómo me enterneces!

MIRZA.– ¡Dios mío! ¿Qué hiciste, amor mío? Mi amor te ha convertido en culpable. Sin la desdichada Mirza nunca habrías huido del lado del mejor de todos los amos ni habrías matado a su brazo derecho.

ZAMOR.– Un bárbaro te deseaba; pretendía hacerte suya. Su aspiración le convirtió en una fiera. El tigre quiso hacerme pagar que no correspondieras a su pasión desenfrenada. La educación que me dispensó nuestro gobernador junto con la sensibilidad de mis costumbres salvajes me hicieron no soportar la tiranía de la que eras víctima.

MIRZA.– Debiste haberme dejado morir; hubieses permanecido al lado de nuestro gobernador que te quería como a un hijo. Soy la causa de tu desdicha y de la suya.

ZAMOR.– ¡Dejarte sucumbir! ¡Nunca! ¿Por qué me haces recordar las virtudes y las bondades de nuestro respetable amo? Siempre le fui fiel. He pagado sus favores antes con la ternura de un hijo que con la abnegación de un esclavo. Pero cree que soy culpable y esto hace mi tormento aún más horrible. No sabe en qué monstruo confiaba. Yo he salvado a mis iguales de su tiranía. Pero, querida Mirza, olvidemos un recuerdo querido y funesto. Ahora no tenemos más protección que la naturaleza, madre generosa que sabe de nuestra inocencia y que no nos abandonará. Estos parajes despoblados nos protegerán de la mirada ajena.

MIRZA.– Lo poco que soy te lo debo a ti, Zamor. Pero dime, ¿por qué los europeos y los colonos tienen más privilegios que nosotros, pobres esclavos? Si estamos hechos de la misma materia. Si somos seres semejantes, ¿por qué tanta diferencia entre su raza y la nuestra?

ZAMOR.– En realidad, esta diferencia no existe; solo está en el color de la piel. Sin embargo, los privilegios son inmensos. El arte los ha colocado por encima de la naturaleza. La instrucción los ha hecho dioses mientras que nosotros no somos más que simples hombres. En estos parajes nos usan como lo hacen con los animales en sus naciones. Han venido a estas regiones, se han apropiado de las tierras, del patrimonio de los nativos. Estos orgullosos secuestradores de un pueblo dulce y pacífico están haciendo correr la sangre de sus nobles víctimas; se reparten entre ellos los despojos sangrantes que nos han arrebatado y que nosotros mismos les cuidamos. Los campos que siegan están sembrados de cadáveres y las cosechas, regadas por nuestro sudor y nuestras lágrimas. La crueldad con la que nos trata la mayoría de estos bárbaros amos hace estremecer a la misma Naturaleza. Nuestra desgraciada raza se ha habituado a estos castigos. Ellos se han cuidado de educarnos en este estado. Si osásemos abrir los ojos nos horrorizaríamos de la condición a la que nos han reducido y nos liberaríamos de este yugo tan cruel como vergonzante. Pero ¿está en nuestra mano cambiar esta situación? El hombre envilecido por la esclavitud ha perdido toda su energía: Los más simples de los nuestros son los menos desdichados. Siempre compartí mi parecer con mi amo, aunque me cuidé de no hacerlo con mis camaradas. ¡Dios mío! desvía los augurios que amenazan esta tierra, ablanda el corazón de nuestros tiranos y devuelve al hombre el derecho perdido en el seno mismo de la naturaleza.

MIRZA.– ¡Qué calamidad la nuestra!

ZAMOR.– Pero quizá nuestra fortuna cambie más pronto que tarde. Una nueva moral amable y consoladora ha hecho caer en Europa el velo del error. Los hombres iluminados vierten sobre nosotros sus tiernas miradas; nosotros les devolveremos esta preciosa libertad, primer tesoro del hombre, del que estos crueles ladrones nos han privado hace tanto tiempo.

MIRZA.– ¡Cómo quisiera saber tanto como tú, pero no sé sino amarte!

ZAMOR.– Tu ingenuidad me cautiva, es la impronta de la Naturaleza. Ve a recoger frutos. Mientras, yo iré a la costa a comprobar los estragos del naufragio. Pero, ¡qué veo! Una dama se debate contra las olas. ¡Mirza, voy corriendo en su ayuda! La desdicha no debe dispensar las obligaciones humanas.

ZAMOR *desciende por la parte del acantilado.*

Escena II

MIRZA
Sola.

MIRZA.– ¡Zamor, corre a salvar a esa infortunada! ¿Cómo no podría adorar un corazón tan tierno, tan compasivo? Ahora que soy desdichada puedo comprobar su dulzura cuando se dirige a aliviar el infortunio de otros.

Sale hacia la parte del bosque.

Escena III

VALERIO

Entra por la parte opuesta a la que ha salido MIRZA.

VALERIO.– Nada aparece todavía sobre las olas conmovidas. ¡Ay, esposa mía! ¡Perdida para siempre! ¿Podré sobrevivirte? No, me reuniré contigo. Tomé fuerzas para salvarte, pero solo yo he podido escapar del furor de las mareas. Respiro con horror. Separado de ti cada segundo multiplica mis penas. Vanamente te busco, vanamente te llamo. Tu voz resuena en mi corazón y, sin embargo, no llega a mis oídos. Te huyo. (*Desciende penosamente, cae en el fondo del escenario y se apoya sobre una roca.*) ¡Una nube espesa cubre mis ojos, la fuerza me abandona! ¡Gran Dios, concédeme poder arrastrarme hasta el mar! No logro mantenerme en pie. (*Queda inmóvil presa del agotamiento.*)

Escena IV

VALERIO, MIRZA

MIRZA.– (*Corriendo y divisando a* VALERIO.) ¡Dios mío! ¿Quién es este hombre? ¿Habrá venido a capturar a Zamor y a separarme de él? ¡Dios mío! ¿Qué va a ser de mí? Pero no, quizá no albergue semejante deseo. No es uno de nuestros verdugos. Me debato... A pesar de mis temores debo socorrerle. No puedo verle en semejante estado. Por su aspecto parece francés. (*A* VALERIO.) ¡Señor! ¡Señor francés...! No responde. ¿Qué hacer? (*Llamando.*) ¡Zamor, Zamor! (*Reflexiva.*) Llegaré a la cima de las rocas para ver si acude. (*Corre hacia la cima regresando inmediatamente.*) No lo veo. (*Vuelve a dirigirse a* VALERIO.) Francés, francés respondedme. No me contesta. ¿Qué socorro puedo darle? No tengo nada. ¡Cuánta desgracia! (*Agarrando el brazo de* VALERIO *y golpeándole en la mano.*) Pobre extranjero, parece tan enfermo, y Zamor no llega. Zamor tiene más fuerza que yo. Iré a la cabaña a buscar algo con lo que reanimarle. (*Sale.*)

Escena V

VALERIO, ZAMOR, SOFÍA

ZAMOR.– (*Entrando desde la parte del acantilado y llevando en brazos a So-fía, que parece desvanecida. Lleva puesto un blanco y largo vestido, sencillo y amplio, sujetado con un cinturón. Sus cabellos están alborotados.*) Recuperaos, señora. No soy más que un simple esclavo de las indias, pero prometo ayudaros.

SOFÍA.– (*Con voz agonizante.*) Quien quiera que seáis, dejadme. Vuestra compasión me es aún más cruel que las mareas. Una vez perdido lo que me era más amado la vida me es odiosa. ¡Ay, Valerio! ¡Esposo mío! ¿Qué ha sido de ti?

VALERIO.– ¿Qué voz estoy escuchando? ¡Sofía!

SOFÍA.– (*Reconociéndolo.*) ¿Qué estoy viendo...? ¡Es él!

VALERIO.– (*Levantándose y cayendo a los pies de* SOFÍA.) ¡Santo Dios! ¡Me habéis devuelto a mi Sofía! ¡Querida esposa! ¡Objeto de mis lágrimas y de mi ternura! ¡Sucumbo a mi dolor y a mi felicidad!

SOFÍA.– ¡Providencia divina! ¡Me has salvado! ¡Acaba tu empresa y devuélveme también a mi padre!

Escena VI

VALERIO, ZAMOR, SOFÍA, MIRZA

MIRZA *entra corriendo llevando consigo frutos y agua. Se detiene sorprendida al ver a una mujer.*

ZAMOR.– Acércate, Mirza, no tengas miedo. Son dos infortunados como nosotros; estamos obligados con ellos.

VALERIO.– ¡Ser compasivo a quien debo mi vida y la de mi esposa! Tú en absoluto eres un salvaje; ni tampoco lo son tu habla o tus modales. ¿Eres el señor de esta isla?

ZAMOR.– No, pero la habitamos desde hace algunos días. Parecéis franceses. Si la sociedad de esclavos os parece despreciable compartiremos con vosotros la posesión de la isla y, si el destino así lo quiere, terminaremos juntos nuestros días.

Sofía.– (*A* Valerio.) ¡Cómo me gusta lo que dice! (*A los esclavos.*) ¡Generosos mortales! Aceptaría vuestro ofrecimiento si no fuese más lejos buscando a un padre al que seguramente no encuentre nunca. Llevamos dos años vagando por el mar sin dar con él.

Valerio.– ¡Quedémonos en este lugar por un tiempo! Aceptemos la hospitalidad de estos nativos. Convéncete, mi querida Sofía, de que a fuerza de perseverar terminaremos encontrando en este continente al autor de tus días.

Sofía.– ¡Cruel destino! Lo hemos perdido todo. ¿Cómo continuar nuestra búsqueda?

Valerio.– Comparto tu desolación. (*A los nativos.*) Generosos mortales, no nos abandonéis.

Mirza.– ¡Abandonaros! Nunca, no, jamás.

Zamor.– Sí, querida Mirza. Consolémosles de sus infortunios. (*A* Valerio *y a* Sofía.) Confiad en mí; recorreré los alrededores de los riscos. Si encontrase algo de valor entre los restos de la embarcación os prometo traéroslo. Pasad a nuestra cabaña, pobres extranjeros; necesitáis reposaros. Cuidaré de devolver la calma a vuestros agitados espíritus.

Sofía.– Compasivos mortales, ¡qué de mercedes os debemos! Nos habéis salvado. ¿Cómo podré devolveros el favor?

Zamor.– No me debéis nada, habiéndoos socorrido no he hecho más que obedecer la voz de mi corazón. (*Sale.*)

Escena VII

Mirza, Sofía, Valerio

Mirza.– (*A* Sofía.) Os aprecio, aunque no seáis esclava. Cuidaré de vos. ¡Acercaos! Dadme vuestro brazo. ¡Qué bella mano! ¡Qué diferencia con la mía! Sentémonos aquí. (*Feliz.*) ¡Qué contenta estoy de estar con vos! Sois igual de bella que la esposa de nuestro gobernador.

Sofía.– ¿De verdad? ¿Tenéis un gobernador en esta isla?

Valerio.– Creí haberos oído decir que vivíais solos.

MIRZA.– (*Con franqueza.*) Así es, Zamor no os ha mentido. Me refiero al gobernador de la colonia, que no vive aquí. (*Aparte.*) Tengo que cuidar lo que digo. Si supiese que Zamor ha matado a un blanco no querrían permanecer entre nosotros.

SOFÍA.– (*A* VALERIO.) Su ingenuidad me fascina; su fisonomía es dulce. Advierte su encanto.

VALERIO.– Nunca he visto tan bella nativa.

MIRZA.– Os burláis. No soy ni mucho menos la más bella. Decidme ¿las francesas son tan bellas como vos? Deben de serlo pues todos los franceses son buenos, además de no ser esclavos.

VALERIO.– Los franceses vemos con horror la esclavitud. El día en el que seamos libres nos encargaremos de mitigar vuestro estado.

MIRZA.– (*Sorprendida.*) El día en el que seáis libres, ¿acaso no lo sois ya?

VALERIO.– Solo en apariencia. El yugo nos pesa. Desde hace siglos los franceses gimen bajo el despotismo de ministros y cortesanos. El poder del soberano está en manos de miles de tiranos que opri-men a su pueblo. Ese pueblo algún día romperá las cadenas, se encargará de los derechos escritos en las leyes de la Naturaleza y enseñará a esos tiranos lo que puede la unión de un pueblo largo tiempo maltratado pero instruido por la sana filosofía.

MIRZA.– ¡Dios mío! En todos lados hay personas malvadas.

Escena VIII

ZAMOR, *sobre el peñón*, SOFÍA, VALERIO, MIRZA

ZAMOR.– ¡Todo perdido, desdichados extranjeros! No hay esperanza. Una ola acaba de tragarse lo que quedaba de vuestro equipaje con todos vuestros anhelos.

SOFÍA.– ¡Qué fatalidad! ¿Qué será de nosotros?

VALERIO.– Sin embargo, cualquier embarcación podría recalar en la isla.

ZAMOR.– No conocéis, infelices extranjeros, el peligro de esta costa. Solamente infortunados como Mirza y como yo se han atrevido a acercarse y a vencer el peligro para habitarla. No obstante, solo estamos a dos millas de una de las ciudades más grandes de las Indias. Una ciudad que no volveré nunca más a ver, a no ser que los tiranos vengan y nos arranquen de aquí para hacernos sentir el suplicio al que estamos condenados.

SofíA.– ¡Suplicio!

VALERIO.– ¿Qué crimen habéis cometido uno y otro? ¡Ah! Ya lo entiendo, sois demasiado instruidos para ser esclavos y vuestra sabiduría ha salido cara a quien os la ha dado.

ZAMOR.– No tengáis los mismos prejuicios que vuestros semejantes. Mi amo me era muy querido. Yo habría sacrificado mi vida para prolongar la suya. Pero su capataz era un monstruo cuya tierra he purgado. Estaba prendado de Mirza, pero sus esperanzas fueron despreciadas. Supo que ella me prefería a mí. Su furia hizo que yo probase el trato más cruel. Aunque lo más terrible fue exigirme que fuese el instrumento de su venganza contra mi pobre Mirza. Rechacé con horror semejante mandato. Enloquecido por mi desobediencia, me persiguió espada en mano, pero evité el fatal golpe: Le desarmé y cayó muerto a mis pies. Me vi obligado a raptar a Mirza y huir con ella en un bote.

SofíA.– ¡Cómo te compadezco! ¡Aunque hayas cometido un delito, esta muerte me parece digna de perdón!

VALERIO.– Estoy concernido con su suerte. Me han devuelto la vida y han salvado la tuya. Los defenderé a expensas de mis días; iré a ver a su gobernador: si es francés, será humano y generoso.

ZAMOR.– Así es señor, él es francés, y el mejor de los hombres.

MIRZA.– Si el resto de colonos se le pareciesen no seríamos tan desdichados.

ZAMOR.– Me acogió con ocho años de edad. Le gustaba instruirme, me quería como si fuese el hijo que nunca pudo tener o, quizá, del que le hayan privado. Es como si se lamentase de algo. De tanto en tanto se le escucha suspirar. Seguramente se esfuerza en ocultar una gran pena. Le he sorprendido a menudo llorando; adora a su mujer, y ella a él. Si únicamente dependiese de él yo sería indultado. Pero quieren un castigo ejemplar. No existe perdón para un esclavo que ha osado levantar la mano a su capataz.

SofíA.– (*A* VALERIO.) No entiendo por qué me siento interesado por ese gobernador. El relato de sus penas me ha compungido. Es generoso, clemente, seguro que os perdonará. Iré en persona a rendirme a sus pies. ¿Cuál es su nombre? Por si pudiésemos salir de esta isla.

ZAMOR.– Su nombre es señor de Saint-Frémont.

SofíA.– Desgraciadamente su nombre no me dice nada. Pero no importa, es francés, seguro que ablandaré su corazón. (*A* VALERIO.)

Podríamos llegar al puerto con el bote que les salvó. No existe peligro que yo no pueda hacer frente para defenderlos.

VALERIO.– ¡Te admiro querida Sofía! Y apruebo tus deseos: iremos a rendirnos a los pies del gobernador. (*A los esclavos.*) Con esta misión cumplimos con vosotros escasamente. Seremos felices si nuestras peticiones y lágrimas llegan al corazón de vuestro amo. ¡Partamos! Pero ¿qué veo? ¡Esclavos que vienen a toda prisa hacia nosotros! Traen cadenas con ellos.

SOFÍA.– Desdichados, estáis perdidos.

ZAMOR.– (*Volviéndose y divisando a los* ESCLAVOS.) Mirza, estamos perdidos. Nos han descubierto.

Escena IX

LOS ANTERIORES, *un* INDIANO *y numerosos* ESCLAVOS *que descienden corriendo por las rocas.*

EL INDIANO.– (*A* ZAMOR.) ¡Canalla! Por fin te encuentro. No escaparás al suplicio.

MIRZA.– ¡Dejadme morir antes que él!

ZAMOR.– ¡Mi querida Mirza!

EL INDIANO.– ¡Encadenadlos!

VALERIO.– ¡Escuchad nuestras súplicas, señor! ¿Qué vais a hacer con estos esclavos?

EL INDIANO.– Un castigo ejemplar.

SOFÍA.– ¿Os los lleváis para ejecutarlos? Tendréis que quitarnos la vida antes de arrancarlos de nuestros brazos.

VALERIO.– ¿Qué haces, querida Sofía? Podemos pedir indulgencia al gobernador.

EL INDIANO.– No os envanezcáis. El señor gobernador debe dar un ejemplo a la colonia. Vos no conocéis esta maldita ralea; nos degollarían sin piedad si la voz de la humanidad nos hablase en su favor. Es lo único que debemos esperar, incluso de los esclavos a los que instruimos. Han nacido para ser salvajes y subyugados como lo son los animales.

SOFÍA.– ¡Qué horrible prejuicio! La naturaleza no los hizo esclavos. Son hombres como nosotros.

El Indiano.– ¡Qué lenguaje estáis empleando, señora!

Sofía.– El mismo que usaré delante de vuestro gobernador. Es por agradecimiento por lo que me intereso por estos infortunados que conocen mejor que vos las leyes de la compasión. Aquel a quien vos habéis sustituido era, sin duda, un hombre atroz.

Zamor.– Señora, deje de suplicarle, su alma está endurecida y no conoce la humanidad. Su ocupación no consiste más que en emplear diariamente el rigor extremo. Creería desatender su deber si no practicase la crueldad.

El Indiano.– ¡Desgraciado!

Zamor.– No te temo. Conozco mi destino y lo asumo.

Sofía.– ¡Que su desdicha se vuelva provechosa! ¿Qué podría hacer para salvarles? (*Al* Indiano.) Lléveme con ellos, señor. Nos forzáis a irnos de aquí. (*Aparte.*) Espero hacer ceder al gobernador.

El Indiano.– Con sumo placer. Teniendo en cuenta que el peligro para salir de esta isla no es el mismo que para llegar a ella.

Valerio.– ¿Cómo habéis hecho para alcanzarla?

El Indiano.– Por el bien de la colonia he arriesgado todo. ¡Como para indultarlos! No somos más los amos de nuestros esclavos. Los días de nuestro gobernador están en peligro. En cuanto estos miserables sean castigados la calma volverá a reinar en nuestras casas. (*A los negros.*) ¡Negros! ¡Que hagan sonar los cañones para que la señal acordada anuncie al fuerte que los criminales han sido atrapados!

Zamor.– ¡Mirza! ¡Vamos a morir!

Mirza.– ¡Dios mío! ¡Yo soy la causante de tu muerte!

Zamor.– La buena acción de haber salvado a estos extranjeros aliviará nuestros últimos instantes. Además, tendremos la satisfacción de morir juntos.

Se llevan a Zamor *y a* Mirza; *el resto de los personajes los siguen. Todos se dirigen a la embarcación. Instantes después se ve pasar el navío que los conduce.*

Fin del primer acto

Acto II

El teatro cambia y representa una sala de visitas amueblada a lo indiano.

Escena I

Betzi, Azor

Betzi.– Y bien, Azor ¿qué se sabe de Mirza y de Zamor? Se les ha buscado por todas partes.

Azor.– Se habla de ejecutarles sobre el peñón de la hacienda. Me parece, incluso, que ya están haciendo los preparativos para el patíbulo. Temo que los encuentren.

Betzi.– Pero el señor gobernador les puede otorgar el perdón. Él es el amo.

Azor.– Cabría esa posibilidad; él siente por Zamor gran estima; dice que nunca ha tenido queja de él. Pero toda la colonia pide su muerte y él no puede negarla sin comprometerse.

Betzi.– Nuestro gobernador no ha nacido para ser un tirano.

Azor.– Es bueno con nosotros. Es como todos los franceses. Sin embargo, los nativos son brutales.

Betzi.– Dicen que hace mucho no éramos esclavos.

Azor.– Eso parece. Aún hay sitios donde los negros son libres.

Betzi.– Serán afortunados.

Azor.– ¡Cómo no vamos a lamentarnos!

Betzi.– ¡Nadie nos defiende! ¡No nos permiten ni rezar por nuestros semejantes!

Azor.– Lamentablemente el padre y la madre de la desgraciada Mirza van a ser testigos del suplicio de su hija.

Betzi.– ¡Qué brutalidad!

Azor.– ¡Este es el trato que nos dan!

Betzi.– Dime, ¿por qué Zamor ha matado al capataz?

Azor.– Dicen que por celos. Ya sabes que Zamor era el pretendiente de Mirza.

Betzi.– Es cierto, tú me lo dijiste.

Azor.– El capataz la quería para sí.

Betzi.– Pero Zamor no debió haberle matado por ello.

Azor.– ¡Cierto!

Betzi.– Puede que hubiese otras razones.

Azor.– Puede ser. Aunque no sé cuáles.

Betzi.– Si se les ayudase a escapar estoy segura de que el señor y la señora de Saint-Frémont no se enojarían.

Azor.– También lo creo yo. Pero aquellos que les auxiliasen peligrarían.

Betzi.– Sin duda, aunque no se los condenaría a muerte.

Azor.– Quizá. Pero no seré yo quien me exponga.

Betzi.– Al menos habría que comentárselo a sus amigos, podrían convencer a otros esclavos. Todos quieren a Zamor y a Mirza.

Azor.– Se dice que el regimiento puede tomar las armas.

Betzi.– No hay esperanza.

Azor.– Sin embargo, nosotros, por el bien de nuestros amigos, tenemos que convencerles de que sigan obedeciendo.

Betzi.– Tienes razón. Hazlo tú si puedes, porque yo no tendría suficientes fuerzas.

Escena II

Los Anteriores, Coraline

Coraline.– (*Corriendo.*) ¡Amigos! ¡Qué mala noticia os traigo! Aseguran haber oído el cañón que anuncia que Zamor y Mirza han sido capturados.

Azor.– ¿Es posible, Coraline?

Betzi.– ¡Dios santo!

CORALINE.– Estaba en el puerto cuando han anunciado la mala noticia. Muchos colonos esperaban impacientes un navío que se vio en lontananza. Nada más atracar los habitantes lo han rodeado y yo, temblorosa, he huido de allí. ¡Pobre Mirza, desdichado Zamor! Nuestros tiranos no los van a perdonar.

AZOR.– Estoy seguro. Pronto estarán muertos.

BETZI.– ¿Sin haber sido escuchados? ¿Sin juicio?

CORALINE.– ¿Juicio? Se nos prohíbe ser inocentes. Se nos prohíbe defendernos.

AZOR.– ¡Qué generosidad! Nos venden en el mercado como si fuésemos ganado.

BETZI.– ¡Comercio de seres humanos! ¡Señor! ¡La humanidad repugna!

AZOR.– ¡Dices bien! Mi padre y yo fuimos comprados en la costa de Guinea.

CORALINE.– Mi pobre Azor, cualquiera sea nuestra deplorable suerte tengo un presentimiento: no estaremos siempre encadenados. Puede que dentro de poco...

AZOR.– Y bien, ¿qué pasará? ¿Nos tocará ser amos?

CORALINE.– Quizá. Y no seríamos malvados. Cuidemos de ser justos: ni amo ni esclavo.

AZOR.– Ni amo ni esclavo. Entonces ¿qué quieres que seamos? Coraline, no sabes lo que dices por más que nuestros amigos aseguren que eres la más sabia de entre nosotros.

CORALINE.– ¡Pobre muchacho! ¡Si supieses lo que yo sé! Leí en un libro que ser feliz consiste en ser libre y buen labrador. Solo nos faltaría, entonces, la libertad; que nos la otorguen y verás como no habrá más ni amos ni esclavos.

AZOR.– No te entiendo.

BETZI.– Yo tampoco.

CORALINE.– ¡Qué ingenuos sois ambos! Decidme, ¿acaso disfrutaba Zamor de libertad? Por eso mismo abandonó a nuestro benévolo amo. El resto haremos lo mismo. Cuando los amos nos den la libertad ningún esclavo abandonará sus trabajos. Los más salvajes de los nuestros se instruirán e irán reconociendo las leyes de la humanidad y de la justicia, y nuestros superiores encontrarán en nuestro afecto, en nuestro entusiasmo, la recompensa de este favor.

AZOR.– Hablas como un hombre. Me parece estar escuchando al señor gobernador. Hace falta tener aptitudes para entender lo que los demás dicen. Pero, viene la señora.

BETZI.– ¡He aquí la señora! ¡Callémonos!

CORALINE.– No le digáis nada sobre la captura de Zamor. Sufriría mucho.

AZOR.– Estoy de acuerdo.

Escena III

LOS ANTERIORES, SRA. DE SAINT-FRÉMONT

SRA. DE SAINT-FRÉMONT.– ¡Queridos hijos! necesito estar sola. Dejadme y no entréis a no ser que os llame o cuando tengáis alguna novedad que anunciarme.

Salen.

Escena IV

SRA. DE SAINT-FRÉMONT
Sola.

SRA. DE SAINT-FRÉMONT.– Mi esposo se ha ausentado por este desgraciado asunto. Se fue a un lugar en el que reclamaban su presencia. Tras esta calamidad, la revuelta reina en el alma de nuestros esclavos. Todos sostienen que Zamor es inocente, que mató al capataz porque se vio forzado. Pero los colonos se reunieron para pedir la muerte de Mirza y de Zamor y los buscan por todas partes. Aunque mi esposo haya hecho arrestar a Zamor y también a la pobre Mirza, que moriría con su enamorado, le concedería gustosamente la gracia. Aguardar su suplicio me sume en una profunda tristeza. No he nacido para ser feliz. Por mucho que mi esposo me ame. Mi dedicación hacia él no puede vencer la melancolía que le consume. Desde hace más de diez años sufre y no puedo adivinar la causa de su dolor. Un secreto que no vislumbro. A su regreso deberé emplearme a fondo para que me lo declare. Pero, parece que viene.

Escena V

SRA. DE SAINT-FRÉMONT, SR. DE SAINT-FRÉMONT

SRA. DE SAINT-FRÉMONT.– Y bien, querido esposo, ¿el bullicio se ha calmado con vuestra presencia?

SR. DE SAINT-FRÉMONT.– Todos mis esclavos han regresado a sus deberes, sin embargo, piden el perdón de Zamor. El asunto es delicado. (*Aparte.*) Y para colmo de males acabo de recibir de Francia novedades que me destrozan el corazón.

SRA. DE SAINT-FRÉMONT.– ¿Qué mascullas, querido mío? Es como si te reprochases algo. Si tienes alguna deuda conmigo te perdono con tal de tener tu corazón. Vuelves el rostro. Ruedan tus lágrimas por él. Esposo mío, no confiáis ya en mí. Os soy inoportuna. Me retiro.

SR. DE SAINT-FRÉMONT.– ¿Tú inoportuna? Nunca, nunca. Si me hubiese separado del deber tu dulzura me conduciría a tus pies, y tus enormes virtudes me rendirían aún más enamorado de tus encantos.

SRA. DE SAINT-FRÉMONT.– Me estás ocultando algo. Decláramelo. Esos ahogados suspiros me lo hacen sospechar. Francia te es querida. Es tu patria. Quizá una atracción…

SR. DE SAINT-FRÉMONT.– ¡Detente, detente, querida esposa! No abras una herida que había cicatrizado gracias a ti. Me mortificaría.

SRA. DE SAINT-FRÉMONT.– Si me amas debes darme una prueba de tu amor.

SR. DE SAINT-FRÉMONT.– ¿Cuál me exiges?

SRA. DE SAINT-FRÉMONT.– Revelar las causas de tu congoja.

SR. DE SAINT-FRÉMONT.– ¿Es lo que quieres?

SRA. DE SAINT-FRÉMONT.– Lo exijo. Mi indulgencia disculpará el secreto que me has ocultado durante tanto tiempo.

SR. DE SAINT-FRÉMONT.– Así haré. Provengo de una provincia donde las injustas leyes privan a los hijos menores del reparto equitativo que la naturaleza da a todos los hijos nacidos del mismo padre y de la misma madre. Yo era el menor de siete hermanos. Mis padres me enviaron a la corte a solicitar un empleo; pero ¿cómo podía abrirme paso en un país en el que la virtud es una quimera y en el que no se obtiene nada sin intriga o malas artes? Conocí a un buen caballero escocés que había llegado allí con el mismo propósito que yo. No era rico, tenía una hija en un convento a donde me invitó. Este encuentro fue funesto para ambos. El padre partió con el ejército y me dejó a cargo de su hija: ir a visitarla y acompañarla cuando ella quisiese salir. Este buen amigo, este amoroso padre no previó las consecuencias de su imprudencia. Fue muerto en una batalla. Su hija quedó huérfana en el mundo, sin familiares ni amigos. Ella solo me veía a mí y parecía únicamente desear mi presencia. El amor por ella me convirtió en culpable. Ahórrame el resto. Le prometí ser su esposo. Este es mi crimen.

SRA. DE SAINT-FRÉMONT.–. Dime, amado mío: ¿decidisteis abandonarla?

SR. DE SAINT-FRÉMONT.– ¿Quién? ¿Yo? ¿Abandonar a una dama de tales cualidades? La más larga ausencia no me la hubiese hecho olvidar. Yo no podía casarme con ella sin el consentimiento de mis padres. Ella fue madre de una niña. Descubrieron nuestra relación y me obligaron a alejarme. Obtuvieron para mí una encomienda de capitán en un regimiento que partió para las Indias y me hicieron embarcar en él. Poco después me dieron la falsa noticia de que Clarisa había fallecido y que no me quedaba más que la niña. El verte a ti diariamente debilitó la imagen de Clarisa en mi corazón. Solicité tu mano, aceptaste mis votos y nos unimos. Pero con perverso sadismo, el mismo cruel padre que me había engañado me hizo saber que Clarisa seguía viva.

SRA. DE SAINT-FRÉMONT.– ¡Qué desgracia! ¡A qué nefasto precio tengo a bien ser tu esposa! Querido esposo, eres más desdichado que culpable. Clarisa te perdonaría si fuese testigo de tu remordimiento. Emprenderemos intensas búsquedas para que tus bienes y los míos cumplan con estas desafortunadas. No tengo más parientes que los tuyos. Hago a tu hija mi heredera, pero tu corazón es un tesoro que no está en mi mano dárselo a nadie.

SR. DE SAINT-FRÉMONT.– ¡Digna esposa! ¡Cómo admiro tus virtudes! ¡Únicamente Clarisa hubiese podido acercarse a ellas! Ha sido en los dos extremos del mundo donde he encontrado lo que el sexo femenino tiene de más virtuoso y de más amable.

SRA. DE SAINT-FRÉMONT.– Te mereces una compañera digna de ti. Pero mi querido amigo, piensa que al unirte a mí aceptaste tomar el apellido de mi padre que, al otorgártelo, no tenía otro objetivo que transmitirte su puesto como hijo adoptivo. Hay que escribir a tus padres y, sobre todo, a tus amigos próximos para que hagan nuevas búsquedas y que nos den noticias de las desafortunadas. Creo, amado mío, que encontraría suficiente fuerza para alejarme de vos e ir a buscar a aquella a la que disteis vida un día. Advierto

que siento por ella amor materno, aunque, tiemblo de igual modo.
Querido mío, si tuviese que separarme de vos. Si Clarisa os arran-
case de mis brazos. Su dolor, sus virtudes, sus encantos... ¡Ay! Perdonad, perdonad mi desesperación, perdonadme querido esposo.
Vos no seríais capaz de abandonarme y hacer dos víctimas de una.

Sr. de Saint-Frémont.– Querida esposa, sois la mitad de mí mismo.
Parad de romper ese corazón afligido. Con seguridad Clarisa no
vive ya. Desde hace dos años me devuelven el dinero que envío a
Francia para ella y para mi hija. No sé lo que ha podido ser de ellas.
Pero, retomaremos esta conversación más tarde. Alguien viene.

Escena VI

Sr. y Sra. de Saint-Frémont, un Juez

El Juez.– Señor, vengo a informaros de que los criminales han sido
capturados.

Sra. de Saint-Frémont.–¡Cómo! ¡Así de rápido! Con el paso de tiempo
el crimen hubiese sido borrado.

Sr. de Saint-Frémont.– (*Afligido.*) ¡Qué castigo ejemplar me veré obligado a dar!

El Juez.– Acordaos, señor, en estas circunstancias, de la desgracia de
vuestro suegro que fue obligado a dejar el ejercicio por ser demasiado indulgente.

Sr. de Saint-Frémont.– (*Aparte.*) ¡Desdichado Zamor, vas a morir! No
te he educado más que para verte caminar hacia el cadalso. (*En
voz alta.*) ¡Mis cuidados le han sido tan dañinos! ¡Si le hubiese dejado en sus costumbres salvajes puede que no hubiese cometido el
crimen! No hubiese tenido en su alma inclinaciones viciosas. La
honestidad y la virtud le distinguirían en el seno de la esclavitud.
Criado en una vida simple y laboriosa, a pesar de la instrucción
que hubiese recibido, no olvidaría jamás su origen. ¡Ojalá pudiese
justificarle! Siendo yo un ciudadano cualquiera podría atenuar el
castigo, pero, como gobernador me veo obligado a aplicarle el rigor
que me piden las leyes.

El Juez.– Es preciso ejecutar el veredicto sin dilación teniendo en
cuenta, además, que dos europeos están llamando a la revuelta de

los esclavos. Han dibujado a vuestro capataz como un monstruo. Los esclavos han escuchado ávidos estos discursos sediciosos prometiendo no cumplir las órdenes dictadas.

SR. DE SAINT-FRÉMONT.– ¿Quiénes son esos extranjeros?

EL JUEZ.– Unos franceses encontrados en la costa donde los criminales se habían refugiado. Intentan salvar la vida de Zamor.

SR. DE SAINT-FRÉMONT.– Estos pobres franceses han debido naufragar, y la identificación con los fugados ha despertado sin lugar a dudas este ardor indiscreto.

EL JUEZ.– Comprobáis señor gobernador que no podemos perder más tiempo si queréis evitar la ruina total de nuestras propiedades. Es un llamamiento desesperado.

SR. DE SAINT-FRÉMONT.– No tengo la fortuna de haber nacido en estos territorios; pero todo imperio carga con desdichados sobre almas sensibles. No es vuestra culpa que las costumbres locales os hayan familiarizado con el maltrato que ejercéis sin remordimiento sobre hombres que no tienen más defensa que la sumisión y, cuyas labores mal recompensadas, acrecientan nuestras fortunas y aumentan nuestra autoridad sobre ellos. Hay mil tiranos. Los soberanos hacen felices a sus pueblos. Todo ciudadano es libre con un amo justo, aunque en este país de esclavitud debe ser un bárbaro a su pesar. ¿Cómo podría no entregarme a estas reflexiones cuando la voz de la humanidad grita en el fondo de mi corazón: "Sed bueno y sensible a los gritos de los desdichados"? Mi opinión, sin duda, os desagrada. En Europa, por el contrario, comienzan a justificarla y me atrevo a creer que dentro de poco tiempo no habrá más esclavos. ¡Oh, Luis! ¡Rey adorado! ¿Que no pueda poner delante de tus ojos la inocencia de estos proscritos? Otorgándoles la gracia devolverías la libertad a hombres olvidados hace ya mucho. Pero poco importa, pues vos queréis un castigo ejemplar este se hará, por más que los negros aseguren que Zamor es inocente.

EL JUEZ.– ¿Acaso los creéis?

SR. DE SAINT-FRÉMONT.– No pueden hacerme creer una mentira. Conozco más que nadie las virtudes de Zamor. ¿Queréis que él muera sin ser escuchado? Consiento y al mismo tiempo lo rechazo, así no podréis nunca reprocharme haber traicionado los intereses de la colonia.

EL JUEZ.– Debéis obrar así, señor gobernador. Es en este asunto en el que comprobáis que estamos amenazados de padecer una revuelta general. Es preciso llamar a las tropas a las armas.

Sr. de Saint-Frémont.– Seguidme, veremos la solución que debamos tomar.

Sra. de Saint-Frémont.– Querido, partís apesadumbrado.

Sr. de Saint-Frémont.– Mi presencia es necesaria para restablecer el orden y la disciplina.

Escena VII

Sra. de Saint-Frémont

Sra. de Saint-Frémont.– (*Sola.*) ¡Cómo compadezco a estos desafortunados! ¡Todo está decidido! ¡Morirán! Qué pesar para mi esposo, y otro mayor se agita en mí nuevamente. ¡Todo lo que lleva nombre francés me espanta! ¿Y si fuese Clarisa? ¿Qué sería de mí? ¡Oh desdichada! Conozco las virtudes de mi esposo y, además, yo soy su esposa. ¡No, no! ¡Cesad de martirizaros! ¡Clarisa, en su desgracia, pesaría más en su alma! ¡Ocultemos la turbación de que soy presa!

Escena VIII

Sra. de Saint-Frémont, Betzi
Betzi *entra corriendo.*

Sra. de Saint-Frémont.– ¿Qué nuevas traes, Betzi?

Betzi.– (*Exaltada.*) ¡No está aquí el señor gobernador?

Sra. de Saint-Frémont.– No, acaba de salir. ¡Cuéntame!

Betzi.– Dejad que reponga mi aliento. Estábamos en la terraza. Cada poco, tristemente, volvíamos la vista hacia la vivienda. Vimos llegar al padre de Mirza acompañado de otro esclavo. En medio de ellos, una extranjera con los cabellos sueltos y el dolor dibujado en el rostro. No levantaba la mirada del suelo, a pesar de que caminaba de prisa, pues parecía tener la cabeza ocupada. Al llegar donde estábamos preguntó por el señor de Saint-Frémont. Nos contó que Zamor la salvó del furor del oleaje. Y añadió: moriré a los pies del gobernador si no obtengo su perdón. Viene a implorar vuestra ayuda. ¡Hela aquí!

Escena IX

Los ANTERIORES *y* Sofía, *seguida de todos los* Esclavos

Sofía.– (*Tirándose a los pies de la* Sra. DE SAINT-FRÉMONT.) ¡Señora, beso vuestros pies! ¡Tened piedad de una desgraciada extranjera que le debe todo a Zamor y que no tiene más esperanza que vuestra bondad!

Sra. DE SAINT-FRÉMONT.– (*Aparte.*) ¡Ah, ahora respiro! (*En alto, ayudándola a levantarse.*) Levantaos. Señora, prometo hacer todo lo que esté en mi mano. (*Aparte.*) Su juventud, su sensibilidad enternecen mi corazón a tal punto que no podría explicarlo. (*A* Sofía.) Atractiva extranjera, haré lo imposible para otorgaros ese perdón que exigís a mi esposo. Creedme si os digo que comparto vuestro dolor. Entiendo cuánto os son queridos esos infortunados.

Sofía.– Sin el socorro de Zamor, tan intrépido como humano, yo hubiese perecido entre el oleaje. A él debo la dicha de poder estar ahora ante vos. Lo que ha hecho por mí le garantiza en mi corazón los derechos naturales. Sin embargo, tales derechos no me hacen ser injusta, señora. El testimonio que me ofrecen de las poco habituales cualidades que vos poseéis me hacen ver que son totalmente inocentes de un crimen premeditado. ¡Qué humanidad! ¡Qué coraje cuando nos socorrió! ¡La dificultad del auxilio le debería haber inspirado más temor que piedad, pero, lejos de no hacer nada, Zamor encaró el peligro! Señora, juzgad si con semejantes sentimientos de humanidad un mortal puede ser culpable. Su crimen fue involuntario y la justicia no debería sino absolverle de todo cargo.

Sra. DE SAINT-FRÉMONT.– (*A los* Esclavos.) Queridos hijos, debemos reunirnos con los colonos para pedirles el perdón de Zamor y de Mirza. No hay tiempo que perder. (*A* Sofía.) Vos, a quien ardo por conocer, sois francesa; quizá pudieseis... Pero cada segundo es vital. Volved junto a los infortunados. Esclavos, acompañadlos.

Sofía.– (*Con regocijo.*) ¡Señora! ¡Cuántas alegrías al mismo tiempo! ¡Quiero tanto como deseo demostraros mi agradecimiento! (*Le besa las manos.*) Pronto mi esposo vendrá ante vos a saldar esta deuda. ¡Querido Valerio, que maravillosa noticia voy a ofrecerte!

Sale acompañada de los Esclavos.

Escena X

Sra. de Saint-Frémont, Betzi y Coraline

Sra. de Saint-Frémont.– (*Aparte.*) Encuentro en los rasgos de esta extranjera un parecido... ¡Pero qué desvarío! (*En alto.*) Coraline, haz venir al secretario del señor de Saint-Frémont.
Coraline.– Señora, ignoráis lo que pasa. Por orden del señor gobernador se han cerrado las puertas. Todo es pasto de las llamas. Escuchad, señora... se toca a rebato... y el sonido de las campanas...

Se escucha a lo lejos tocar a rebato.

Sra. de Saint-Frémont.– (*Aterrorizada yendo hacia el fondo del escenario.*) ¡Infortunada! ¡Qué va a ser de mí! ¿Qué es de mi esposo?
Betzi.– ¡Tiemblo por mis amigos!
Sra. de Saint-Frémont.– (*Sumida en la desesperación.*) ¡Dios mío! ¡Quizá mi esposo esté en peligro! ¡Corro en su ayuda!
Coraline.– Tranquilizaos, señora, no tiene que temer por el señor gobernador. Está a la cabeza del regimiento. Incluso si estuviese en el centro del tumulto los esclavos cuidarían de su vida. Es demasiado querido para que nadie quiera hacerle daño. Los esclavos detestan únicamente a algunos habitantes, a los que acusan del martirio de Zamor y Mirza. Dicen que merced a ellos han sido condenados.
Sra. de Saint-Frémont.– (*Jadeante.*) ¡Cómo! ¡Se les va a ejecutar!
Coraline.– ¡Qué desgracia! Pronto los pobres compañeros no existirán más.
Sra. de Saint-Frémont.– (*Diligentemente.*) No, mis niños, no morirán. Mi marido se convencerá con mis lágrimas; con la desesperación de la extranjera que, quizá mejor que yo, le enternecerá. Su corazón no precisa ser instado al bien. Él lo abarca todo. (*Aparte.*) ¡Y si la francesa le pudiese informar sobre su hija! ¡Santo Dios! ¡Él estaría

en deuda con las víctimas que conducen al cadalso! (*En alto.*) ¡Ve, Betzi; acude junto a mi esposo y dile que...! Pero, no. No es el momento de explicar nada... Tengo que verlo yo misma. ¿Dónde se encuentra mi esposo ahora?

CORALINE.– No sé exactamente en qué regimiento está. El ejército está dispersado. Solo se sabe que el señor de Saint-Frémont devuelve la paz y pone orden allá por donde pasa. Seguro que se ha anticipado y no le queda sino presentarse en casa. Aunque los caminos estén destrozados o cortados. Es difícil imaginar cómo se ha podido hacer tanto estrago en tan breve espacio de tiempo.

SRA. DE SAINT-FRÉMONT.– No importa, no temo ni al peligro ni al agotamiento cuando se trata de salvar la vida de dos desventurados.

Fin del acto segundo

Acto III

El teatro representa un lugar salvaje en el que se puede ver dos colinas puntiagudas y bordeadas de matas de arbustos que se extienden y se pierden en el horizonte. En uno de los lados hay un risco escarpado; su cima es una plataforma y la base es perpendicular al borde del proscenio. Se sube por el lado de una de las colinas de manera que los espectadores puedan ver llegar a los personajes. Esparcidas acá y allá algunas cabañas de negros.

Escena I

VALERIO, ZAMOR y MIRZA

VALERIO.– ¡Por fin estáis libres! ¡Me pongo a la cabeza de vuestros amigos! Mi esposa no tardará en aparecer ante nuestros ojos. Sin duda habrá logrado la gracia del señor de Saint-Frémont. Os abandono por un instante, pero no os pierdo de vista.

Escena II

ZAMOR, MIRZA

ZAMOR.– ¡Qué terrible suerte la nuestra, querida Mirza! Es aún más horrible cuando pienso que el empeño de este francés en salvarnos le perjudique a él y a su esposa. ¡Qué idea más terrible!

MIRZA.– También me persigue a mí esa idea. Pero quizá su digna esposa haya podido ablandar a nuestro gobernador. No nos aflijamos antes de su regreso.

ZAMOR.– Bendigo mi muerte puesto que muero junto a ti. ¡Qué crueldad es perder la vida cuando creen que soy culpable! Así me consideran, y nuestro amo lo cree. Esto es lo que me enloquece.

MIRZA.– Quiero ver al señor gobernador. No me puede ser negado este último anhelo. Me arrojaré a sus pies y le revelaré todo.

ZAMOR.– ¿Qué podrías contarle?

MIRZA.– Le informaré de la crueldad de su capataz y de su inhumano deseo.

ZAMOR.– Te ciega tu amor por mí. Te quieres inculpar para hacerme inocente. Si desdeñas la vida a tal precio, ¿me crees tan egoísta como para poder conservar la mía a costa tuya? No, mi amada Mirza, no hay felicidad sobre la tierra para mí si no la comparto contigo.

MIRZA.– Yo como tú no podría vivir sin verte.

ZAMOR.– ¡Qué feliz hubiese sido pasar nuestros días juntos! Este lugar me recuerda nuestro primer encuentro. Es aquí donde el tirano recibió muerte. Es aquí donde terminaremos nuestros días. En estos sitios la naturaleza parece contradecirse con ella misma. Antes nos parecía jubilosa. No ha perdido atractivos, pero ahora nos ofrece a la vez la imagen de nuestra dicha pasada y de nuestra funesta suerte. ¡Mirza, qué horrible es morir estando enamorado!

MIRZA.– ¡Cómo me enterneces! ¡No me aflijas más! Siento que la fuerza me abandona. El bondadoso francés se acerca. ¿De qué nos vendrá a informar?

Escena III

ZAMOR, MIRZA y VALERIO

VALERIO.– ¡Oh, mis bienhechores! Hay que salvaros. Aprovechad estos admirables momentos que vuestros amigos os facilitan. Taponan

96

los caminos, reaccionad a su ardor y valentía. Se arriesgan por vosotros, huid a otro lugar. Quizá mi esposa no obtenga el perdón. Distintas tropas de soldados se acercan, tenéis tiempo de escapar a través de esta colina. Vivid en la jungla. Vuestros semejantes os darán cobijo.

MIRZA.– Este francés tiene razón. Acompáñame. Nos quiere bien, hagámosle caso. Corre conmigo, querido Zamor, no temas volver a vivir conmigo en el fondo de la selva. Apenas recuerdas nuestras leyes; pero tu querida Mirza te recordará lo amables que son.

ZAMOR.– Está bien, acepto. Solamente por ti deseo seguir viviendo. (*Abraza a* VALERIO.) ¡Adiós, el más generoso de los hombres!

MIRZA.– Desgraciadamente debo dejaros sin haber tenido la dicha de rendirme a los pies de vuestra esposa.

VALERIO.– Ella también lo sentirá, no lo dudéis; pero, ahora, huid de este funesto lugar.

Escena IV

LOS ANTERIORES, SOFÍA *y* ESCLAVOS

SOFÍA.– (*Corriendo a los brazos de* VALERIO.) ¡Oh, amado mío! ¡Demos gracias al cielo! Los inocentes no morirán. La señora de Saint-Frémont me ha prometido la gracia.

VALERIO.– (*Alegre.*) ¡Dios mío! ¡Qué enorme felicidad!

ZAMOR.– Reconozco en la acción su hermosa alma. (*A* VALERIO.) ¡Generosos extranjeros, que el cielo colme todos vuestros deseos! El ser supremo nunca abandona a los que buscan parecérsele en su benevolencia.

VALERIO.– ¡Hacéis afortunados nuestros días!

MIRZA.– ¡Qué fortuna tuvimos habiendo socorrido a estos franceses! Si ellos nos deben mucho, nosotros les debemos aún más.

SOFÍA.– La señora de Saint-Frémont ha reunido a sus mejores amigos. Yo le he hecho entender su inocencia. Ella ha puesto todo el arrojo posible para salvarles. No he tenido reparo para interceder en su favor. ¡Tiene un corazón tan bello! ¡Tan sensible a los padecimientos de los desdichados!

ZAMOR.– Su respetable esposo la iguala en mérito y bondad.

Sofía.– No he tenido la dicha de encontrarlo.

Zamor.– (*Alarmado.*) ¡Qué estoy viendo! ¡Multitud de soldados avanzan! ¡Todo está perdido! ¡Os han engañado, nobles franceses, estamos perdidos!

Sofía.– No os alarméis aún. Debemos saber...

Valerio.– Les defenderé a riesgo de mi vida. ¡Qué desgracia! Iban a salvarse en el momento en que llegaste para tranquilizarles. Pediré al oficial al frente del destacamento que me informe de esta misión.

Una compañía de Granaderos *y una de* Soldados franceses *se forman al fondo del escenario. Las bayonetas caladas en el fusil. Delante de ellos se colocan un grupo de* Esclavos *armados con arcos y flechas; al frente,* El Mayor, El Juez *y* El Capataz *de esclavos del señor de Saint-Frémont.*

Escena V

Los Anteriores, El Mayor, El Juez, El Indiano, Granaderos, Soldados franceses, *numerosos* Esclavos

Valerio.– Señor ¿puedo preguntaros qué razón os trae aquí?

El Mayor.– Una difícil misión. Vengo a hacer cumplir la orden de ejecución de estos infortunados.

Sofía.– ¿Vais a ajusticiarlos?

El Mayor.– Así es, señora.

Valerio.– No, este sacrificio no se llevará a término.

Sofía.– (*Preocupada.*) La señora de Saint-Frémont me prometió su perdón.

El Juez.– (*Firmemente.*) Esto excede a sus poderes, ni tan siquiera el señor gobernador podría concederlo. Poned fin a la obstinación de querer salvarlos. Vais a hacer su condena más sombría. (*Al* Mayor.) ¡Mayor, cumplid las órdenes dadas! (*A los* Esclavos.) ¡Vosotros, conducid a los criminales a lo alto del peñón!

El Comendador Indiano.– ¡Tensad los arcos!

Valerio.– ¡Deteneos!

Los Esclavos *obedecen a* Valerio.

EL JUEZ.– ¡Obedeced!

EL MAYOR *hace una señal a los* SOLDADOS *que corren y colocan la bayoneta en el pecho de los* ESCLAVOS. *Ninguno de ellos se mueve.*

ZAMOR.– (*Yendo a su encuentro.*) ¿Qué hacéis? ¡Solo yo merezco la muerte! ¿Qué os han hecho mis pobres amigos? ¿Por qué degollarlos? Volved vuestras armas hacia mí. (*Abre su chaleco.*) ¡He aquí mi pecho! Lavad su desobediencia con mi sangre. La colonia pide únicamente mi muerte. ¿Hace falta sacrificar a tantos inocentes que no son cómplices de mi crimen?

MIRZA.– Yo soy igual de culpable que Zamor. No me separéis de él. Quitadme la vida. Mis días dependen de los suyos. Quiero morir la primera.

VALERIO.– (*Al* JUEZ.) Por favor, señor, suspended su condena. Os aseguro que me ocuparé de conseguir su gracia.

EL MAYOR.– (*Al* JUEZ.) Señor, podemos atender a esta petición; esperemos al gobernador.

EL JUEZ.– (*Con firmeza.*) No escucho más que mi deber y la ley.

VALERIO.– (*Furioso.*) ¡Bárbaro! El puesto endurece el alma, pero tú la degradas haciéndola aún más cruel que lo que las leyes te han ordenado.

EL JUEZ.– Mayor, haced conducir a este atrevido a la ciudadela.

EL MAYOR.– Es un francés, tendrá que rendir cuenta de su conducta al señor gobernador. En este asunto no tengo por qué obedecer vuestras órdenes.

EL JUEZ.– Ejecutad entonces las que os han dado.

SOFÍA.– (*Con heroísmo.*) Esta excesiva crueldad me da valor. (*Corre hacia* ZAMOR *y* MIRZA, *se coloca entre ambos, les coge de la mano y dice al* JUEZ.) ¡Tú! ¡Bárbaro! ¡Atrévete a hacerme asesinar con ellos; no los abandono; nada podrá arrancarlos de mis brazos!

VALERIO.– (*Colmado de placer.*) ¡Amada Sofía, este gesto de valentía te hace aún más querida a mi corazón!

EL JUEZ.– (*Al* MAYOR.) Señor, hacer retirar a esta atrevida dama. ¿No cumplís con vuestro deber?

EL MAYOR.– (*Indignado.*) Lo exigís, pero responderéis de estos actos. (*A los* SOLDADOS.) Separad a estos extranjeros de los esclavos.

SOFÍA *grita dolorosamente apretando a* ZAMOR *y a* MIRZA *contra su pecho.*

VALERIO.– (*Furioso corre hacia* SOFÍA.) Si se emplea la más mínima violencia contra mi mujer no respetaré nada. (*Al* JUEZ.) Y tú, cruel, tiembla de ser inmolado en mi justo furor.

UN ESCLAVO.– Si todos vamos a morir, defendámoslos.

Los ESCLAVOS *se forman alrededor de ellos creando una muralla.* SOLDADOS *y* GRANADEROS *se acercan con sus bayonetas.*

EL MAYOR.– (*A los* SOLDADOS.) Soldados, quietos. (*Al* JUEZ.) No he sido enviado aquí para ordenar una masacre y esparcir la sangre sino para instaurar el orden. El gobernador llegará de un momento a otro y la prudencia nos indicará lo que debemos hacer. (*A los extranjeros y a los esclavos.*) Serenaos, no emplearé la fuerza. Vuestros esfuerzos serían inútiles si quisiera ejercerla. (*A* SOFÍA.) Y vos, señora, manteneos distante con esos desdichados, espero al señor gobernador. (SOFÍA, ZAMOR *y* MIRZA *salen con algunos* ESCLAVOS.)

Escena VI

VALERIO, EL MAYOR, EL JUEZ, EL INDIANO, GRANADEROS *y* SOLDADOS, ESCLAVOS

VALERIO.– (*Al* MAYOR.) No puedo abandonar a mi esposa en este estado. Emplearos a fondo con el señor de Saint-Frémont, no os puedo recomendar clemencia, ella debe reinar en vuestra alma. El guerrero siempre fue generoso.

EL MAYOR.– Dejadlo de mi cuenta, retiraos y apareced cuando sea oportuno. (VALERIO *sale.*)

Escena VII

Los ANTERIORES, *excepto* VALERIO

El Mayor.– (*Al* Juez.) ¡He aquí, señor, el resultado de una extrema severidad!

El Juez.– Vuestra moderación hará perder hoy la colonia.

El Mayor.– Decid mejor que seguramente la salve. No conocéis más que vuestras crueles leyes mientras que yo conozco el arte de la guerra y de la humanidad. No son ellos enemigos a los que debemos combatir, son nuestros esclavos, mejor dicho, nuestros labradores. Para reducirlos, haría falta, según vos, hacerlos pasar por el filo de la espada. En esta circunstancia una imprudencia nos llevaría, sin duda alguna, más lejos de lo que vos pensáis.

Escena VIII

Los anteriores, *el* Sr. de Saint-Frémont *que entra por un lado y* Valerio, *por otro. Dos compañías de granaderos y soldados conducen a numerosos* Esclavos *encadenados.*

Valerio.– (*Al* Sr. de Saint-Frémont.) ¡Ah, señor, escuchad nuestros ruegos! Sois francés, sois justo.

Sr. de Saint-Frémont.– Entiendo vuestro celo, pero en estos lugares es indiferente; es más, ha producido muchos males. Acabo de ser testigo de la afrenta más horrible jamás cometida a un magistrado. He debido, en contra de mi mismo carácter, emplear la violencia para detener la crueldad de unos esclavos. Sé lo que le debéis a esos desdichados, pero no tenéis derecho de defenderlos ni de cambiar las leyes y costumbres de un país.

Valerio.– Tendré al menos el derecho que el agradecimiento da a todas las buenas almas. Cualquiera sea vuestra severidad fingida, mi corazón acude a vos.

Sr. de Saint-Frémont.– Dejad de rogarme, me cuesta demasiado no escucharos.

Valerio.– Vuestra digna esposa nos hizo tener esperanza.

Sr. de Saint-Frémont.– Ella misma, señor, está convencida de la absoluta imposibilidad de lo que pedís.

Valerio.– Si es un crimen haber matado a un monstruo que hacía temblar a la naturaleza, al menos este crimen es excusable. Zamor defendía su propia vida, y la defensa es un derecho natural.

EL Juez.– Abusáis de la complacencia del señor gobernador. Ya os lo hemos dicho: las leyes los condenan como homicidas. ¿Podéis vos cambiarlas?

Valerio.– No, pero quizá sí suavizarlas al ser un crimen involuntario.

EL Juez.– ¿Tenéis juicio? ¡Suavizarlas a favor de un esclavo! No estamos en Francia. Debemos ser ejemplares.

Sr. de Saint-Frémont.– Ya está todo hablado. Que la ejecución se cumpla.

Valerio.– Estas palabras hacen que mi sangre se hiele y oprimen mi corazón. ¡Mi querida esposa! ¿Qué será de ti? Señor, si conocieseis su sensibilidad, este dolor os tocaría hondo. Ella puso todas sus esperanzas en vuestra bonhomía. Se vanagloriaba, incluso, de que vos le informaríais de un pariente, su único apoyo, del que ella fue privada en su infancia y que se instaló en algún lugar de este continente.

Sr. de Saint-Frémont.– Estad seguro de que os ayudaré en todo lo que esté de mi mano. Pero con respecto a los criminales, nada puedo hacer, desdichado extranjero. ¡Id a consolarla! Aun sin conocerla, me interesa. Engañadla, si fuera necesario, para que no sea testigo de este horrible suplicio. Decidle que hay que interrogar a estos infortunados, que hay que dejarles solos y que su perdón depende quizá de esta sabia precaución.

Valerio.– (*Llorando.*) ¡Cuánto lo vamos a lamentar! ¡No sobreviviré a su pérdida! (*Sale.*)

Escena IX

Los Anteriores, *salvo* Valerio

Sr. de Saint-Frémont.– ¡Cómo me aflige este francés! ¡Su lástima por esos infortunados aumenta la mía! Sin embargo, deben morir por más que me incline a la clemencia. (*Reflexionando.*) Zamor ha salvado a la extranjera que es francesa, y, por lo que dice su esposo, ella está buscando a un pariente que vive en estos parajes. ¿Temería explicarse? Su dolor, sus búsquedas, sus adversidades... infortunada, si fuese... ¿Dónde la naturaleza va a extraviarme? ¿Y por qué sorprenderme? La aventura de la extranjera tiene tanto que ver con la de mi hija y mi corazón lacerado desearía encontrarla en su persona. Es la suerte de los desgraciados acunarse en la esperanza.

El Juez.– Mayor, haced avanzar vuestros soldados. (*Al* Indiano.) Señor comendador, conducid a los esclavos y haced que se coloquen como de costumbre.

El Indiano *sale con los* Esclavos *armados, mientras que otro grupo llega y se arroja a los pies del* Sr. de Saint-Frémont.

Escena X

Los Esclavos *armados son remplazados por otros* Esclavos *sin armas.*

Un Esclavo.– Señor, nosotros no hemos estado del lado de los rebeldes. Que nos sea permitido solicitar la gracia de nuestros amigos. Para repararlo que nos hagan pasar por los castigos más horribles, que aumenten nuestras terribles labores, que nos reduzcan la comida. Soportaremos el castigo con valor. Os emocionáis, señor, compruebo como corren las lágrimas por vuestras mejillas.

Sr. de Saint-Frémont.– Hijos, amigos, ¿qué me proponéis? (*AL* Juez.) ¿Qué queréis que responda a esta muestra de heroísmo? ¡Cielos! ¡Muestran tal grandeza de alma! Y nosotros los miramos como si se tratase de los últimos de los hombres. ¡Hombres civilizados! Os creéis superiores a los esclavos. Del oprobio y del estado más vil, la equidad y el valor los elevan en un segundo al rango de los más generosos mortales. Tenéis el ejemplo delante de vuestros ojos.

El Juez.– Conocen muy bien vuestro corazón, pero vos no podéis ceder a vuestra inclinación sin comprometer vuestra dignidad. Los conozco mejor que vos. En estos momentos prometen todo. De hecho, estos criminales no se encuentran bajo vuestro dictamen, han sido entregados al rigor de las leyes.

Sr. de Saint-Frémont.– Bien, os dejo. ¡Qué desgracia! Aquí están. ¿Dónde esconderme? ¡Qué cruel deber!

Escena XI

Los Anteriores, El Indiano, Zamor, Mirza, *y los* Esclavos *armados*

Zamor.– Ninguna esperanza, nuestros benefactores están rodeados de soldados. Bésame por última vez, mi querida Mirza.

Mirza.– Bendigo mi suerte porque nos une el mismo suplicio. (*A un* Viejo *y una* Vieja Esclava.) Adiós, queridos autores de mi vida, no lloréis por vuestra pobre Mirza. No la compadezcáis. (*A las* Esclavas.) Adiós, compañeras.

Zamor.– Esclavos, colonos, escuchadme: maté a un hombre, merezco la muerte. No lamentéis mi suplicio, es necesario para el bien de la colonia. Mirza es inocente; pero desea su muerte. (*A los* Esclavos, *particularmente.*) Y vosotros, mis queridos amigos, escuchadme en este mi último momento. Dejo la vida, muero inocente, pero cuidad de mostraros culpables para defenderme: cuidad sobre todo de las facciones, no os entreguéis a la desproporción para salir de la esclavitud; cuidad de romper las ataduras con exceso de violencia; esperad siempre a la justicia divina, agrupaos en torno al señor gobernador y su respetable esposa. Pagadles con vuestra pasión y vuestro apego todo lo que yo les debo. Yo no puedo hacerlo. Quered a ese amo, a ese buen padre, con una ternura filial, como yo lo he hecho siempre. Moriría contento si pudiese al menos pensar que me echará de menos. (*Se arroja a sus pies.*) ¡Querido amo! ¿Puedo todavía llamaros así?

Sr. de Saint-Frémont.– (*Con un vivo dolor.*) Estas palabras atraviesan mi corazón. ¡Desdichado! ¿Qué hiciste? Vete, no te obstines. Ya sufro bastante con este fatal deber que debo cumplir.

Zamor.– (*Se inclina y le besa los pies.*) ¡Querido amo! No temo la muerte. Si aún me apreciáis muero contento. (*Le coge las manos.*) Beso estas manos por última vez.

Sr. de Saint-Frémont.– (*Enternecido.*) ¡Para! ¡para! ¡Me rompes el corazón!

Zamor.– (*A los* Esclavos *armados.*) Amigos, cumplid con vuestro deber. (*Prende a* Mirza *en sus brazos y sube con ella al risco donde se ponen de rodillas. Los* Esclavos *ajustan sus flechas.*)

Escena XII

Los Anteriores, *y la* Sra. de Saint-Frémont *con los* Esclavos, Granaderos y Soldados franceses

Sra. de Saint-Frémont.– ¡Deteneos, esclavos, y respetad a la mujer de vuestro gobernador! (*A su esposo.*) ¡Concede la gracia, esposo, concédela!

Escena XIII y última

Los Anteriores, Valerio *y* Sofía

Sofía.– (*A* Valerio.) ¡En vano me detienes! ¡Los quiero ver! ¡Cruel! Me has traicionado. (*A la* Sra. de Saint-Frémont.) ¡Oh, señora! Mis fuerzas me abandonan. (*Se derrumba en los brazos de los* Esclavos.)

Sra. de Saint-Frémont.– (*A su esposo.*) Esposo mío, estáis viendo la desesperación de esta francesa. ¿Acaso no os afecta?

Sofía.– (*Volviéndose hacia ella y arrojándose a los pies del* Sr. de Saint-Frémont.) ¡Ah, señor! Moriré a vuestros pies si no me concedéis la gracia. Reside en vuestro corazón y depende de vuestro poder. ¡Ah! Si no la puedo obtener, ¡qué me importa la vida! Tenemos todo perdido. Privada de madre y de fortuna. Abandonada de un padre desde los cinco años, tenía puesto mi consuelo en la salvación de dos víctimas que nos son tan queridas.

Sr. de Saint-Frémont.– (*Aparte, muy emocionado.*) ¡Qué recuerdo... qué rasgos... qué época... su edad...! ¡Qué turbación llena mi alma! (*A* Sofía.) Señora, responded a mi diligencia. ¿Podría preguntaros por el nombre de aquellos que os dieron el nombre?

Sofía.– (*Apoyándose en* Valerio.) ¡Qué desgracia!

Valerio.– ¡Querida Sofía!

Sr. de Saint-Frémont.– (*Con mayor viveza.*) ¡Sofía! (*Aparte.*) A ella le pusieron por nombre Sofía. (*En alto.*) ¿Qué nombre habéis pronunciado? Hablad, responderme, por amor de Dios. Señora ¿quién fue vuestra madre?

Sofía.– (*Aparte.*) ¡Cuánto más le contemplo más se apodera de él la turbación! (*En alto.*) La desdichada Clarisa de San Fort fue mi madre.

Sr. de Saint-Frémont.– ¡Ah, hija mía, reconóceme! ¡La naturaleza no me miente! Reconoce la voz de un padre tanto tiempo alejado de ti y de tu madre.

Sofía.– ¡Oh, padre mío! ¡Muero! (*Cae sobre los brazos de los* Soldados.)

Sr. de Saint-Frémont.– ¡Oh, hija mía! ¡Oh, mi sangre!

Sofía.– ¿Qué he escuchado? Sí, sí… es él. Sus rasgos son restos graves de mi alma… En vuestros brazos ¡qué felicidad recupero! ¡No puedo mostraros todos los sentimientos que albergo! Pero esos desdichados, oh, padre mío, su suerte está en vuestras manos. Sin su salvación vuestra hija moriría. Conceded a la naturaleza la primera gracia que ella os pide. Habitantes, esclavos, postraos ante las rodillas del más generoso de los hombres. Es en los pies de la virtud donde se encuentra la clemencia. (*Todos, salvo el* Juez *y los* Soldados, *se rinden a sus pies.*)

Los Esclavos.– ¡Señor!

Los Habitantes.– ¡Señor, gobernador!

Sr. de Saint-Frémont.– ¿Qué me pedís?

Todos.– La gracia.

Sr. de Saint-Frémont.– (*Enternecido.*) Hijos míos, esposa mía, amigos míos, os la concedo.

Todos.– ¡Qué felicidad!

Los Granaderos *y los* Soldados *se arrodillan, y se alzan nuevamente.*

El Mayor.– Valerosos guerreros, no os sonrojéis de este acto de sensibilidad. El ánimo se limpia y no lo envilece.

Mirza.– ¡Santo Dios! Cambias nuestra desdichada suerte; colmas nuestra felicidad; tu justicia no deja de manifestarse.

Sr. de Saint-Frémont.– Amigos, os doy la libertad y cuidaré de vuestra fortuna.

Zamor.– No, mi amo. Guardaos el favor. Lo más precioso para nosotros será vivir junto a vos y de todo lo que tenéis de inestimable.

Sr. de Saint-Frémont.– Recobro a mi hija. La abrazo. La cruel suerte ha dejado de seguirme. Querida Sofía, cómo temo conocer el feroz destino de vuestra madre.

Sofía.– ¡Mi pobre madre no vive ya! Pero padre mío, ¡qué felicidad veros! (*A* Valerio.) ¡Querido Valerio!

Valerio.– Comparto tu felicidad.

Sra. de Saint-Frémont.– Hija mía, no veáis en mí más que a una tierna madre. Vuestro padre conoce mis intenciones y vos las sabréis en breve. Ocupémonos solamente ahora de la boda de Zamor y de Mirza.

Mirza.– No vamos a vivir más que para amarnos. Siempre seremos felices, siempre, siempre.

Zamor.– Sí, querida Mirza; sí, siempre seremos felices.

Sr. de Saint-Frémont.– Amigos míos, acabo de concederos el perdón. ¡Si pudiese igualmente devolver la libertad a todos vuestros semejantes o, al menos, mejorar su suerte! Esclavos, escuchadme: si alguna vez cambia vuestro destino, no perdáis nunca de vista el amor al bien público del que, hasta el momento, habéis sido privados. Sabed que el hombre, en su libertad, necesita todavía estar sometido a las leyes sabias y humanitarias; y, sin conduciros a excesos reprochables, esperad todo de un gobierno iluminado y provechoso. ¡Vayamos, amigos míos, mis hijos! Que una fiesta general sea el feliz presagio de la dulce libertad.

Fin

Gertrude Stein

CUATRO SANTOS
EN TRES ACTOS

Traducción de
Lola Fernández de Sevilla

En Cuatro santos *hice de los santos el paisaje...*

Las urracas están en el paisaje, es decir, que están en el cielo del paisaje, son blancas y negras y están en el paisaje en Bilignin y en España, especialmente en Ávila. Cuando están en el cielo hacen algo que nunca he visto hacer a ningún otro pájaro: se mantienen arriba y abajo y parecen planas contra el cielo.

Un inventor francés muy famoso de cosas que tienen que ver con la estabilización en la aviación me dijo que ningún pájaro puede hacer eso, pero en cualquier caso, hagan las urracas de Ávila esto o no, al menos parece como si lo hicieran. Parecen exactamente como los pájaros en los cuadros de la Anunciación, el pájaro que es el Espíritu Santo y descansa plano contra la zona del cielo, muy arriba.

Había urracas en mi paisaje y había espantapájaros.

Los espantapájaros sobre la tierra son la misma cosa que las urracas en el cielo, son parte del paisaje.

Ellas, las urracas, pueden contar su historia si ellas y tú queréis o incluso si yo quiero, pero las historias son solo historias y que ellas permanezcan en el aire no es una historia, sino el paisaje. Que los espantapájaros permanezcan sobre el suelo es la misma cosa, podrían ser una historia, pero son un trozo de un paisaje.

Gertrude Stein en Lectures in America

Conocerla conocerla quererla tanto.

Cuatro santos se preparan para ser cuatro santos.

Lo hace bien pescar.

Cuatro santos lo hace bien pescar.

Cuatro santos se preparan para ser cuatro santos lo hace bien bien pescar lo hace bien pescar se preparan para ser cuatro santos.

En la historia se preparan para ser cuatro santos.

Se preparan para ser cuatro santos.

Dos santos.

Cuatro santos.

Dos santos se preparan para ser santos esto dos santos se preparan para ser santos en se preparan para ser santos.

Una historia de se preparan para ser santos en la historia se preparan para ser santos.

Permanecen narran se preparan dos santos para ser santos.

Al menos.

En fin.

Muy bien si no para tener y minero.

Un santo es uno para ser para dos cuando tres y tú hacéis cinco y dos y punto.

Un como máximo.

Santo santo un santo.

Santo olvidado.

Qué ocurrió hoy, una historia.

Habíamos planeado ir al campo si hacía buen día hacía un día precioso y lo hicimos. Fuimos a lugares en los que habíamos estado cuando estábamos igual de contentas y encontramos enseguida lo que pudimos encontrar y cuando regresábamos vimos y oímos que después de todo ellos eran también recompensados. Será necesario volver una vez más.

Él vino y dijo que estaba dándose prisa prisa prisa para quedarse él dijo él dijo finalmente estar llamar él dijo él dijo todo sintiéndose tan próximo como si él pudiera ser precioso ser precioso gustar gustar como habría sido si él estaba acostumbrado siempre lo haría bien y ahora esta vez era como si hubiera sido justo igual de grande como cuando antes lo dejó seguro y suave suavemente entonces puede ser cambiado al suyo y mancha una mancha de ello hace triste llegar antes a menudo lo cual es compartido cuando el suyo es educado y replica que en el suyo sea igual pero disminuido siempre respecto a nada en absoluto y más y más lejos podría ser conocido como contando con su ganancia para ser retenida lo cual no es existir a causa de la mayoría. Así es como no les gusta.

Por qué mientras mientras en ese sentido fue después de esto que ser visto hecho abandonado.

Él pudo ser herido en ello.

Es muy fácil ser tierra.

Imagina cuatro bancos separados.

Uno al sol.

Dos al sol.

Tres al sol.

Uno no al sol.

No uno no al sol.

No uno.

Cuatro bancos usados para cuatro bancos usados por separado.

Cuatro bancos usados por separado.

Esto hace que sea no sea hace que no sea en el momento.

El tiempo que es así como el que podría ser déjalo cuando cuando iba a ser que iba a ser cuando iba a desaparecer.

Cuatro bancos con déjalo.

Podría ser como sería como sería tanto dentro dentro casi como fuera. Está muy cerca cerca y cercado. Cercado cercado dejar dejando cercado cierra cierra cierra elige en la justicia en la unión en la unión. Es dónde estar en en el agua en la nieve nieve muestra muestra un un sol y sol nieve muestra y sin agua sin agua a menos que a menos que por qué a menos que. Por qué a menos que por qué a menos que ellos estuvieran prestándolo aquí prestándolo a propósito. Cree dos tres. Que podría ser triste además además de muy atentamente intencional y brillante.

Empieza de pronto no con las hermanas.
A amontonarlo.
Colina arriba.
Cuatro santos nunca son tres.
Tres santos nunca son cuatro.
Cuatro santos nunca son abandonados por completo.
Tres santos nunca están desocupados.
Cuatro santos son déjamelo a mí.
Tres santos cuando veas esto aquí.
Empiezan tres santos.
Empiezan cuatro santos.
Dos y dos santos.
Uno y tres santos.
En su puesto.
Uno debería.
Fácilmente santos.
Muy bien santos.
Haber santos.
Decir santos.
Santos como se ha dicho.
Y no molestar.
Ungir.
Elegir.
Cuatro santos dos al mismo tiempo tienen que tienen que tienen que tienen que.

Tienen que tienen tienen que tienen que.

Dos santos cuatro al mismo tiempo al mismo tiempo.

Tienen que tienen que al mismo tiempo.

Cuatro santos tienen que tienen que tienen que al mismo tiempo.

La diferencia entre los santos olvída-me-no y las montañas tienen que tienen que tienen que al mismo tiempo.

En invierno es muy fácil recordar el invierno la primavera y el verano en invierno es muy fácil recordar la primavera y el invierno y el verano en invierno es muy fácil recordar el verano la primavera y el invierno en invierno es muy fácil recordar la primavera y el verano y el invierno.

Parece como si pudiera ser tan bueno tan bueno que él era muy bueno que él estaba con ellos con ellos con ellos ya que esto no era mejor que en el peor de los casos él pudiera seguirle para llevarse elegir ese camino un camino un camino que seguir.

Algunos dicen algunos dicen algunos lo dicen.

Por qué debería estar todo el mundo en casa por qué debería estar todo el mundo en casa por qué debería estar todo el mundo en casa.

Por qué debería estar todo el mundo en casa.

Haciendo cosas inútiles.

Por qué debería estar todo el mundo en casa.

Haciendo cosas inútiles.

Él hizo mucho más de lo que él hizo él de hecho hizo mucho más que eso él no solo añadió su parte sino también y con ello él estaba tenía un problema.

No hay parti-color en una casa no hay parti parti parti color en una casa. Reflejos por el tiempo en que les dieron la caja que había sido enviada. Era mucho lo que ellos podrían decidirían.

Suponiendo que ella dijo que él había elegido todas las miserias que él había observado durante cincuenta de sus años qué tenía eso que ver con sombreros. Ellos habían fabricado sombreros para ella. No de verdad.

Como ella era.

Imagina imagínalo imagínalo. Cuando ella volvió llovía mucho.

En cierta medida una cierta noche se preguntaría si había algo especial.

Más tarde por la llanura torciendo llana intensa una esquina no en el ángulo correcto sino en el individual es en el individual.

Una historia quién la hace quién la hace.

Una historia para diseñar una ópera.

Cuatro santos en tres actos.

Una escena de cróquet y cuando ellos tomaban sus hábitos. Hábitos no por horas hábitos hábitos no por horas al mismo tiempo en que ellos tomaron sus hábitos no por horas ellos tomaron sus hábitos.

Cuando ellos tomaron sus hábitos.

Saber cuándo tomaron ellos sus hábitos.

Grandes palomas en árboles pequeños.

Grandes palomas en árboles pequeños.

Ven miedo ven.

Acércate.

Actos tres actos.

Acércate al cróquet.

Cuatro santos.

Regocijaros santos reuniros santos recomenzad algunos de vosotros reinvitad.

Cuatro santos han estado en algún momento de esa manera esa manera en toda la sala.

Cuatro santos no nacieron al mismo tiempo aunque se conocían entre ellos. El cumpleaños de uno de ellos era antes de la madre del otro del padre. Cuatro santos que más tarde serán si serán si serán serán uno serán. Posible estremecimiento.

Revoltijo madera revoltijo de madera.

Cuatro santos nacidos en lugares diferentes.

Santo santo santo santo.

Cuatro santos una ópera en tres actos.

My country 'tis of thee sweet land of liberty of thee I sing.

Santa Teresa algo así.

Santa Teresa o algo así.

Santa Teresa si si y si.

Santa Teresa algo así.

Santa Teresa.

Santa Teresa medio de puertas adentro medio de puertas afuera.

Santa Teresa sin saber de los otros santos.

Santa Teresa solía ir no a a contarles esto sino a alrededor así que Santa Teresa encontró eso eso eso y allí. Si alguno vino.

Todo esto es para decir que cuatro santos pueden pueden no haber visto nunca el día, por así decir. Ningún día como.

San Ignacio. Significado y encontrado.

Todo esto es para decir que cuatro santos pueden no haber nunca. Ningún día como.

Espera gradual.

Cualquiera puede ver a cualquier santo ser.

Santa Teresa	San Ignacio
Santa Matyr	San Pablo
Santa Consagración	San Guillermo
Santa Tomasina	San Gilberto
Santa Electra	San Consagración
Santa Guillermina	San Arturo
Santa Evelyn	San Selmer
Santa Pilar	San Pablo Seize
Santa Hilaria	San Cardenal
Santa Bernardina	San Plan
	San José

Cualquiera puede burlarse de un santo con seriedad.

Acto Uno

Santa Teresa durante una tormenta en Ávila puede haber lluvia y nieve y nieve templada y templada que es el agua es templada la corriente del río no es templada la luz del sol no es templada y si te quedas si lloras. Si te quedas si te quedas si te tienes que quedar si te tienes que quedar si lloras si te quedas si lloras quédate para llorar para quedarte.

Santa Teresa medio de puertas adentro medio de puertas afuera.

San Ignacio allí no. San Ignacio está dónde. Nunca se les oyó hablar hablar de ello.

San Ignacio intención silenciosa no oculta.

Santa Teresa silencio. Nunca fueron asaltados.

Vamos vamos.

Ningún santo para recordar para recordar. Ningún santo para recordar. Santa Teresa sabiéndose joven y relatada.

Si fuera posible matar a cinco mil chinos apretando un botón se haría.

Santa Teresa no está interesada.

Repetición del Primer Acto

Un placer el día de los inocentes un placer.

Santa Teresa sentada.

El día de los inocentes no es un placer.

Santa Teresa sentada.

El día de los inocentes no es un placer.

Santa Teresa sentada.

El día de los inocentes el día de los inocentes no tanto placer como el día de los inocentes no es un placer.

Santa Teresa sentada y no rodeada. Hay una gran cantidad de gente y lugares cerca.

Hay una gran cantidad de gente y lugares cerca.

Santa Teresa no sentada de una vez. Hay una gran cantidad de lugares y personas cerca.

Santa Teresa una vez sentada. Hay una gran cantidad de lugares y personas cerca. Santa Teresa sentada y no rodeada. Hay una gran cantidad de lugares y personas cerca.

Santa Teresa fue visitada por muchos así como el resto en realidad la visitó antes de que se sentara. Hay una gran cantidad de gente y lugares muy cerca.

Santa Teresa no joven y más joven sino visitada como el resto por algunos que van allí con frecuencia.

Santa Teresa casi medio de puertas adentro medio de puertas afuera afuera de la casa y no rodeada.

Cómo estás. Muy bien gracias. Y cuándo vas. Me quedo de forma casi continua. Cuando es planeado. No más de lo habitual.

El jardín dentro y fuera de la muralla.

Santa Teresa a punto de ser.

El jardín dentro y fuera fuera y dentro de la muralla.

Nadie visita más de lo que ellos les visitan.

Santa Teresa. Nadie visita más de lo que ellos les visitan Santa Teresa.

Así de ruidoso así de permitido.

Santa Teresa. Nadie visita más de lo que ellos les visitan.

Quién decide sobre una vida privada.

Santa Teresa. Quién decide sobre una vida privada.

Santa Teresa.

Santa Teresa. Quién decide sobre una vida privada.

Actúa el final de un acto

Santa Teresa sentada y si él pudiera permanecer de pie y permanecer de pie y decir y decir abandonado a ser.

Presentando a San Ignacio.

Abandonado a ser.

Ella no puede tener ninguno ninguno puede tener cualquiera cualquiera puede tener no cualquiera puede tener no cualquiera puede tener puede tener que decir eso.

Santa Teresa sentada y no de pie mitad y mitad de ello y no mitad y mitad de ello sentada y no de pie rodeada y no sentada y no sentada y no de pie y no rodeada no rodeada no no no sentada no sentada no sentada no rodeada no sentada y San Ignacio de pie de pie no sentada Santa Teresa no de pie no de pie y San Ignacio no de pie de pie rodeada como si por una vez ayer. En lugar de situaciones.

Le quería ella muerto si ahora.

Santa Teresa pudo ser fotografiada habiendo sido vestida como una dama y entonces ellos cogiéndole la cabeza la transformaron en la de una monja y una monja una santa y una santa así. Santa Teresa sentada y no rodeada podría muy bien inclinarse a ser fijada.

Hecha para venir para estar aquí.

Cuántos santos pueden sentarse alrededor. Una gran cantidad de santos pueden sentarse alrededor con uno solo quedándose de pie.

Un santo es fácilmente resistido. Santa Teresa. Déjalo como tierra Santa Teresa. Como tierra junto a una casa. Santa Teresa. Como tierra junto a una casa y al mismo tiempo Santa Teresa. Como tierra junto a una casa para ser para esto esto que es suyo bajo Santa Teresa.

Santa Teresa los santos hacen azúcar con sabor. De formas diferentes cuando es posible.

Santa Teresa. Podría ella saber que que él no no estaba estar estar muy estar muerto no muerto.

Santa Teresa debe ser debe ser cadena abandonada cadena correcta cadena cadena es. Nadie encadena no es una cadena es, encadenada a no a la vida encadenada a no a la nieve encadenada a encadenada a irse y y haberse ido.

Santa Teresa. Esto no en esto no con esto no.

Santa Teresa como pequeña niña viuda.

Puede ella cantar.

Santa Teresa. Más tarde deja que el trovador toque con alegría su guitarra.

Santa Teresa podría ser Marta.

Santa Luisa y Santa Celestina y San Luis Pablo y Santa Consagración Fernando e Ignacio.

Santa Teresa. Pueden las mujeres tener deseos.

Escena Dos

Muchos santos vistos y entre muchos santos vistos.
Santa Teresa y Santa Teresa y Santa Teresa.
Vista como vista.
Muchos santos como vistos.
Ella es conocerla.
Pueden dos santos ser uno.
Muchos salen como ellos ellos.
Y hazle famoso.
Santa Teresa. Podría un negro existir existir con una barba ver y existir.
Santa Teresa. Nunca haber haber visto un negro allí y así.
Santa Teresa. Discrepar entre ir y así.
Santa Teresa y tres santos todos uno.
Quién separó a los santos en el pasado.
Santa Teresa. Además y los santos.
Santa Teresa. Estar en algún lugar con o sin los santos.
Santa Teresa nunca puede mencionar a los otros.
Santa Teresa a ellos. Santos no encontrados. Los cuatro santos no más que los cuatro santos.
Santa Teresa volver para estar ausente.

Escena III

Podrían los cuatro santos no solo existir de forma resumida.
Desprecio.
Santa Teresa avanzando. Quién puede estar dentro de poco en su camino.
Santa Teresa habiendo oído.
En este camino como movimiento.
Habiendo estado en.
Quiere ella descuidar los jacintos y encontrar violetas. Santa Teresa nunca puede transmutar hierbas en pensamientos y secarlos.
A ese respecto ellos creen que es su parte.

Y por favor.
Santa Teresa nos hace ser tallos.
Y mientras.
Santa Teresa decidió y algunos vienen. Algunos vienen para estar cerca no cerca de ella pero es igual.
Les hace sonar con los terceros y eso.
Cuántos hay partiéndose por la mitad.

Escena III

Santa Teresa sabiendo que no hay nieve en vano ya que la nieve no es vana. Santa Teresa la necesitaba porque ella era. Santa Teresa la hizo ser tercera. Nieve tercera en las alturas tercera allí tercera. Santa Teresa en subsidio.

Cuántos santos pueden recordar una casa que fue construida antes de lo que ellos pueden recordar.

Diez santos pueden.

Cuántos santos pueden estar y estar en tierra y estar en arena y en una meseta elevada no hay arena hay nieve y hay hecho para ser así y muchos pueden ser lo que hay que ver cuando hay un viento tenerlo seco y ser lo que ellos pueden comprender emprender dejarlo ser enviarlo bien tanto como ninguno se quede se quede detrás. Ninguno se quede detrás. Encierro. Santa Teresa. Ninguno se quede detrás. Encierro.

San Ignacio podría ser de porcelana en realidad.

San Ignacio podría ser de porcelana en realidad mientras era joven y estaba de pie.

Santa Teresa podría no ser joven y estar de pie ella podría estar sentada.

Santa Teresa podría estar.

San Ignacio podría ser de porcelana en realidad de porcelana en pie.

Ellos podrían en a lo sumo no olvidar un huevo. Un huevo y añadir algunos. Algunos y añadir. Añadir sumar. Añadir algunos.

Déjalo entrar alrededor.

Con mares.

Con rodillas.

Con llaves.
Con gusto.
Ir y saber.
Nublado.
Incluido.
Santa Teresa y accesorios. Con cualquiera por favor.
Ninguno se quede detrás y en clausura. De pronto dos ven.
Dos y diez.
San Dos y San Diez.

Escena IV

Deseó quiso a lo sumo se puso de acuerdo en que no fue cuando se conocieron cuando fueron separados a lo largo.

Mientras escapa añade a esto justo como lo hizo cuando tiene y hace con ello en eso intentar intensidad y sonido. Hay alguna diferencia entre un sonido un silbido un beso un también.

Podrían crecer y contarlo así si fuera abandonado a ser a ir a ir a ver a ver a vio a vio a construir a colocar a venir a descansar a dar a irradiar a unir a nombrar a rectificar a hacer.

San Ignacio Santa Consagración San Pablo Seize San Anselmo lo hicieron ser no solo obligatorio sino mucho más ya que lo hicieron a pequeños parches.

Santa Teresa y Santa Teresa y Santa Teresa Seize y Santa Teresa podrían ser mucho más como ella sería si ella mucho más como ella sería si ella fuera a ser cautelosa.

Podrían estar tan tan lejos tan con tan ensanchados no habiendo visto ni presionado nunca, fue una tierra en una cuando la altitud por esta a la cual otorgó.

Podría estar llamando.

Santa Teresa y conversación. En uno.

Santa Teresa en conversación. Y uno.

Santa Teresa en y en y uno y en y uno.

Santa Teresa abandonada por completo.

Santa Teresa y mejor sumisa.

Santa Teresa abandonó y abandonó la luz.

Nieve en la nieve sol en el sol uno en uno fuera.

Una escena y cruz.

Escena tres y escena dos.

Cómo puede una hermana ver a Santa Teresa de forma adecuada.

Árboles perales flores de cerezo flores rosas y manzanas maduras y rodeadas por España y tumbadas.

Por qué cuando esbelta se alegra bastante el lugar rechaza las llamadas.

Si el tiempo mancha.

Santa Teresa se niega a conceder.

Santa Teresa con reporte. Santa Teresa habiendo sentido esto con esto.

No puede haber paz sobre la tierra con calma con calma. No puede haber paz sobre la tierra con calma con calma. No puede haber paz sobre la tierra con calma con calma y con quien cuyo con calma y con quien cuyo cuando ellos bien ellos bien ellos la llaman allí mandó mensaje especial y vino.

Estas cantidades para Santa Teresa. Santa Teresa ha sido y ha sido.

Todos los santos crean domingo lunes domingo lunes domingo lunes fijan.

Uno dos tres Santos.

Escena III

Santa Teresa ha sido preparada para ser allí verano.

Santa Teresa ha sido preparada para ser allí verano.

Escena IV

Preparar.
Uno una ventana.
Dos un postigo.
Tres un palacio.
Cuatro una viuda.
Cinco un hijo adoptado.

Seis un salón.
Siete un mantón.
Ocho un cenador.
Nueve un asiento.
Diez un retiro.
Santa Teresa ha estado con él.
Santa Teresa ha estado con él ellos muestran ellos muestran que el verano el verano hace a un niño ocurrir en absoluto lanzar una pelota demasiado a menudo para agradar.

A aquellos acostumbrados al invierno les gusta el invierno y el verano.

A aquellos acostumbrados al verano les gusta el invierno y el verano.

A aquellos acostumbrados al verano les gusta el invierno y el verano.

A aquellos acostumbrados al verano les gusta el invierno y el verano les gusta el invierno y el verano.

A aquellos acostumbrados al verano les gusta el invierno y el verano.

Ellos hacen de esto un acto Uno.

Acto Dos

Todo a ti.

Escena Uno

Algo y algo.

Esta es una escena donde se ve esto. Santa Teresa ha sido una reina no como tú podrías entender la realeza no como tú podrías entender el deterioro no como tú podrías entender.

Santa Teresa preparándose en como se podría decir.

Acto Uno

Santa Teresa. Preparándose en como se podría decir.
Santa Teresa agradando. En como se podría decir.
Santa Teresa Acto Uno.
Santa Teresa ha empezado a ser en el acto uno.
Santa Teresa y empezado.
Santa Teresa y cantado.
Santa Teresa acto uno.
Santa Teresa y empezado.
Santa Teresa y cantar y cantado.
Santa Teresa en un acto uno.
A cuántos se les ha contado veinte veces han estado aquí también.
Santa Teresa conoce la diferencia entre cantar y las mujeres. Santa Teresa conoce la diferencia entre la nieve y los terceros. Santa Teresa conoce la diferencia entre cuando hay un día de-hoy de-hoy. De-hoy.
Santa Teresa con la tierra y extendida. Sin observar.
Santa Teresa llegando para marcharse.
Santa Teresa llegando y montones de lo cual no es tan pronto como si cuando puede ser abandonado para transmutar transmutar lo suyo en cristal y amarillento como mucho como mucho esto puede ser cuando es que es muy necesario no plantarlo verde. Plantarlo verde significa que está protegido del viento y ellos nunca supieron esto. Ellos nunca supieron esto verde y ellos nunca supieron esto ella nunca supo esto ellos nunca supieron esto ellos nunca supieron esto ella nunca supo esto. Plantarlo verde significa que es necesario protegerlo del sol y del viento y el sol y ellos nunca supieron esto y ella nunca supo esto y ella nunca supo esto y ellos nunca supieron.
Escena una vez vista una vez vista una vez vista.

Escena VII

Uno dos tres cuatro cinco seis siete todos los niños buenos van al cielo algunos son buenos y algunos son malos uno dos tres cuatro cinco seis siete.

Santa Teresa cuando se le había dejado venir se la dejó venir fue a la izquierda a la derecha fue a la derecha a la izquierda y allí. Allí y no allí por la izquierda y la derecha. Santa Teresa una vez y otra vez. Nadie rodeaba los árboles porque no había ninguno.
Esto completa San Ignacio Acto II.

Acto II

San Ignacio fue muy bien conocido.

Escena II

Lo haría si hubiera una Escena II.

Escenas III y IV

San Ignacio y más.
    San Ignacio con también.
    San Ignacio no necesita ser temido.
    San Ignacio podría adaptarse muy bien a los planes y a la distancia.
    Barcelona en la distancia. Fue San Ignacio capaz de decir la diferencia entre las palmas y los árboles de eucalipto.
    San Ignacio finalmente.
    San Ignacio bien atado.
    San Ignacio con esto solo.
    San Ignacio podría ser leído.
    San Ignacio con ello el martes.
    Santa Teresa ha añadido muy bien esto.

Escena IV

Útil.

Escena IV

Cuántas uñas hay en ello.
   Uñas de zapato duro y uñas plateadas y plata no suenan valiosas.
   Estar interesado en Santa Teresa por suerte.
   Estar interesado en Santa Teresa por suerte.
   San Ignacio estar interesado por suerte.
   Por suerte estar interesado en Santa Teresa.
   Estar interesado por suerte en Santa Teresa.
   Interesados por suerte en Santa Teresa San Ignacio y los Santos que han sido cambiados de la noche a la mañana.
   Por la mañana ser cambiados de la mañana a la mañana por la mañana. Una escena de cambio de la mañana a la mañana.

Escena V

Hay muchos santos.

Escena V

Pueden ser abandonados a muchos santos.

Escena V

Muchos santos.

Escena V

Muchos muchos santos pueden ser abandonados a muchos muchos santos escena cinco abandonada a muchos muchos santos.

Escena V

Escena cinco abandonada a muchos santos.

Escena V

Son abandonados a muchos santos y aquellos santos estos santos estos santos. Santos para cuatro santos. Son abandonados a muchos santos.

Escena V

Santa Teresa la deshonra por dejarlo solo y brillando.
San Ignacio podría ser cinco.
Cuando tres fueron a la vez una mujer sentada y viendo a un hombre conducir y elegir a un hombre joven hablando y vendiendo. Es justo como si esto fuera una tubería.

Escena V

Escena VI

Lejos lejos lejos lejos un día llevó tres días y ese día. Santa Teresa fue muy bien repartida y aparte aparte de eso. Hostigar casar a los santos en lugar de los santos y sagrado distribuyó la gracia.

Santa Teresa en lugar de.

Santa Teresa en lugar de Santa Teresa en lugar de.

Santa Teresa. Puede alguien sentir a alguien moverse y moviéndose puede alguien sentir a alguien y moviéndose.

Santa Teresa. Ser desmentida.

Santa Teresa. Felizmente casada.

Santa Teresa. Felizmente junto a.

Santa Teresa. Felizmente con una cuchara.

Santa Teresa. Felizmente relevada al mediodía.

Santa Teresa con Santa Teresa.

Santa Teresa. En su lugar.

Santa Teresa y Santa Teresa Santa Teresa para rastrear.

Santa Teresa y lugar.

Santa Teresa junto a.

Santa Teresa añadió una vuelta.

Santa Teresa con lazo.

Santa Teresa y quizá.

Santa Teresa. Quizá con viuda.

Santa Teresa. Quizá.

Santa Teresa muy convertida en.

Santa Teresa Santa Teresa.

Santa Teresa en en en Lynn.

Escena VII

Uno dos tres cuatro cinco seis siete escena siete.
Santa Teresa escena siete.
Santa Teresa escena escena siete.
Santa Teresa podría no haberse equivocado nunca.
Santa Teresa podría no haberse equivocado nunca.
Santa Teresa. Cuántos santos hay en ello.
Santa Teresa. Hay muchos muchos santos en ello.
Santa Teresa. Hay tantos santos como hay en ello.
Santa Teresa. Hay hay hay santos santos en ello.
Santa Teresa Santa Consagración San Ignacio San Lorenzo Santa
Pilar San Plan y Santa Cecilia.
Santa Cecilia. Cuántos santos hay en ello.
Santa Cecilia. Hay tantos santos como santos hay en ello.
Santa Cecilia. Cuántos santos hay en ello.
San Lorenzo Santa Celestina. Hay santos en ello Santa Celestina
San Lorenzo hay tantos santos hay tantos santos como hay tantos santos como hay en ello.
Santa Teresa. Muchas gracias.
Santa Teresa. Hay tantos santos hay muchos santos en ello.
Mucho tiempo pero no durante la espera.
San Ignacio. Más necesitado de lo cual más anónimo.
San Ignacio. De más que más que más.
San Ignacio de Loyola. Un santo para ser conocido por y por por y
por continuar leyendo leyendo leer leer rápido.
Nunca perderse de nuevo (al) hoy.
(Al) hoy para quedarse.
San Ignacio San Ignacio San Ignacio de forma temporal.
San Jan. Quién hace de quién ser suyo. Yo lo hago.
Santa Teresa escena escena siete uno dos tres cuatro cinco seis siete.
Santa Teresa. Déjalo tener un sitio.
Santa Teresa San Ignacio y Santa Genoveva y Santa Teresa y San
Chavez.
San Chavez puede estar con ellos entonces.
San Ignacio puede estar podría estar con ellos y plegar.
Santa Teresa con ellos en con ellos sola.

San Plan. Puede ser visto estar cualquier día cualquier día de aquí a allí.

Santa Consagración despertó por la llamada de Amsterdam.

Santa Teresa. Juzgándolo como un lugar para utilizar con descuido.

San Ignacio para cuando la lluvia ha llegado.

Santa Genoveva quiso decir con todo ello.

San Plan. Quizá quiso decir con todo ello.

San Pablo. Quizá quiso decir quizá con todo ello.

San Chavez. Selecciona.

Santos. Todos los Santos.

Escena Ocho

Todos los Santos. Todos los Santos a todos los Santos.

Todos los Santos. Uno cualquiera y todos los Santos. Todos los Santos. Todos y todos los Santos. Todos los Santos. Todos en todos los Santos. Todos los Santos. Todos los Santos. Todos los Santos. Santos todos en todos los Santos. Todos los Santos. Consagrada en todos los Santos. Todos los Santos. Consagrados todos en todos los Santos. Santos. Santos consagrados Santos consagrados todos en todos los Santos. Todos los Santos. Santos en todos los Santos. Santa Consagración. Santos todos los Santos todos los Santos. San Chavez. San Ignacio. Consagrado pasando esto en haber dado en lo cual no son dos días cuando todo está listo no hay duda no la hay en absoluto a la mañana siguiente de que es mucho más tarde mucho más pronto con entonces para encontrarlo aceptable como a punto a punto que que como un río río lo ayuda a tener dudas. Quiénes hacen quién hace y hace esto a punto a punto de ser como un río y la orden de su avance. Es al día-siguiente de llegar a un lugar para pasar antes del último.

Escena ocho. Esperar.

Escena uno. Y comenzada.

Escena dos. Para y para.

Escena tres. Felizmente estar.

Escena cuatro. Unida o.

Escena cinco. Enviada a la deriva.

Escena seis. Deja que se mezcle.

Escena siete. Unida a la once.
Escena ocho. Esperar.
Santa Teresa. Podría estar allí.
Santa Teresa. Estar segura.
Santa Teresa. Con ellos y.
Santa Teresa. Y la mano.
Santa Teresa. Y se posa.
Santa Teresa. Con ellos entonces. Santa Teresa Santa Teresa. Anidar. Santa Teresa. Con ellos y una medida. Es fácil medir una consagración.

Escena IX

Santa Teresa. Ser preguntada cuánto de esto está acabado.
Santa Teresa. Ser preguntada Santa Teresa Santa Teresa ser preguntada cuánto de esto está acabado.
Santa Teresa. Pregunta a Santa Teresa cuánto de esto está acabado.
Santa Teresa. Ser preguntada Santa Teresa ser preguntada Santa Teresa ser preguntada pregunta a Santa Teresa pregunta a Santa Teresa cuánto de esto está acabado.
San Plan. Pregunta a Santa Teresa cuánto de esto está acabado.
Santa Teresa. Pregunta preguntando preguntando a Santa Teresa cuánto de esto está acabado.
Santa Consagración. Cuánto de esto está acabado.
San Chavez. Cuánto de esto está acabado.
San Plan. Cuánto de esto está acabado.
Santa Teresa. Pregunta cuánto de esto está acabado.
San Chavez. Pregunta cuánto de esto está acabado.
Santa Teresa. Pregunta cuánto de esto está acabado.
Santa Teresa
San Pablo
San Plan
Santa Ana
San Cecilio
San Plan.

De vez en cuando.

Santa Teresa. De vez en cuando.
San Plan. De vez en cuando.
San Chavez. De vez en cuando.
Santa Consagración. De vez en cuando.
Santa Teresa. De vez en cuando.
San Chavez. De vez en cuando.
San Cecilio. De vez en cuando.
Santa Genoveva. De vez en cuando.
Santa Ana. De vez en cuando.
Santa Consagración. De vez en cuando.
Santa Teresa. De vez en cuando.
Santa Teresa. De vez en cuando.
San Ignacio. De vez en cuando.
San Ignacio. De vez en cuando.
San Ignacio. De vez en cuando.
Santa Consagración. De vez en cuando.
Santa Teresa. De vez en cuando.
Santa Teresa.
Santa Teresa. De vez en cuando.
San Ignacio. De vez en cuando.
San Ignacio. De vez en cuando.
Santa Teresa.
Santa Teresa. De vez en cuando.
Santa Teresa. De vez en cuando.
Santa Teresa. De vez en cuando.
San Plan. De vez en cuando.
San Ignacio. De vez en cuando.
Santa Teresa.

Escena X

Podrían Cuatro Actos ser Tres.
Santa Teresa. Podrían Cuatro Actos ser tres.
Santa Teresa Santa Teresa Santa Teresa Podrían Cuatro Actos ser tres Santa Teresa.

Escena X

Cuándo.

Santa Teresa. Podrían Cuatro Actos ser cuándo cuatro actos podrían ser diez Santa Teresa. Santa Teresa Santa Teresa Cuatro Actos podrían ser cuatro actos podrían ser cuándo cuándo cuatro actos podrían ser diez.

Santa Teresa. Cuándo.
Santa Consagración. Entonces.
Santa Genoveva. Cuándo.
San Cecilio. Entonces.
San Ignacio. Entonces.
San Ignacio. Hombres.
San Ignacio. Cuándo.
San Ignacio. Diez.
San Ignacio. Entonces.
Santa Teresa. Cuándo.
San Chavez. Diez.
San Plan. Cuándo entonces.
Santa Consagración. Entonces.
Santa Ana. Entonces.
Santa Genoveva. Diez.
San Cecilio. Entonces.
Santa Respuestas. Diez.
San Cecilio. Cuándo entonces.
Santa Respuestas. Santos cuándo.
San Chavez. Santos cuándo diez.
San Cecilio. Diez.
Santa Respuestas. Diez.
San Chavez. Diez.
Santa Consagración. Diez.
San Plan. Diez.
Santa Ana. Diez.
San Plan. Diez.
San Plan. Diez.
San Plan. Diez.

Escena XI

Santa Teresa. Con Guillermo.
Santa Teresa. Con Plan.
Santa Teresa. Con Guillermo complaciente y con Plan complaciente y con Plan y con Guillermo complaciente y con Guillermo y con Plan.
Santa Teresa. Podrían estar mirando.
Santa Teresa. Y con Guillermo.
Santa Teresa. Y con Plan.
Santa Teresa. Con Guillermo.
Santa Teresa. Y con. Plan.
Santa Teresa. Cuántas ventanas hay aquí.
San Plan. Cuántas ventanas hay aquí.
San Plácido. Cuántas ventanas hay aquí.
San Chavez. Cuántas ventanas hay aquí.
y
Santa Consagración. Cuántas ventanas hay aquí.
Santa Teresa. Cuántas ventanas y puertas y suelos hay aquí.
Santa Teresa. Cuántas puertas cuántos suelos y cuántas ventanas hay aquí.
San Plan. Cuántas ventanas hay aquí cuántas puertas hay aquí.
San Chavez. Cuántas puertas hay aquí cuántos suelos hay aquí cuántas puertas hay aquí cuántas ventanas hay aquí cuántos suelos hay aquí cuántas ventanas hay aquí cuántas puertas hay aquí.
Cambiando entre.
Santa Teresa. En esto y en esto y en esto y claridad.
Santa Teresa. Cuántos hay en esto.
Cuántos hay en esto.
Santa Consagración. De forma particular estar seguro y con un miércoles a mediodía.
San Chavez. A su tiempo y el mío.
Santa Teresa. Consagración y en en y en y todo. Todo por venir e ir por levantarse por arrodillarse y por estar alrededor. Alrededor y alrededor y alrededor y tan redondo y tan alrededor y tan alrededor y tan alrededor.
Uno dos tres.
Hay una distancia entre.

Hay una distancia entre entre otros otros conocen conocen conocen conocieron la humedad ya. Es muy doloroso estar de paso. De paso y de paso.

Santa Teresa. Quizá tercera.

Santa Teresa. Quizá escuchada.

Santa Teresa. Quizá invadida.

Santa Teresa y tres santos y allí.

Comenzando de nuevo ayer.

Santa Teresa. Y sobre todo, Santa Teresa.

Escena X

San Ignacio. Se retiró con con se retiró.

San Ignacio. Aconteció.

San Ignacio. Aconteció se retiró.

San Ignacio. Se retiró aconteció.

San Ignacio. Se retiró aconteció.

San Ignacio aconteció San Ignacio se retiró aconteció se retiró.

Santa Sara. Oyendo que ellos se habían ido dijo cuántos huevos hay aquí.

San Absalom. Oyendo que ellos se han ido dijo cuántos había dicho cuántos había estado donde ellos nunca habían estado con ellos o con ello.

San Absalom. Quizá ungido.

Santa Teresa. Con responsabilidad.

Santa Teresa. Y una asignación.

Santa Consagración. En podría cambiar por esto.

San Chavez. Un triunfo.

San Cecilio. En abundancia.

San Eustaquio. Podrían ser montañas si esto no fuera Barcelona.

San Plan. Con sabiduría.

San Chavez. En un minuto.

Santa Teresa. Y las circunstancias.

Santa Teresa. Y así.

San Chavez. Con ellos.

Un silencio.

Abundancia.

Un silencio.

San Chavez. Considerándolo todo y que está hecho por ellos ya que debe ser abandonado a ellos con esto como un arreglo. Noche y día no pueden ser diferentes.

Santa Teresa. Olvidando por completo.

Santa Teresa. Lo intentaré.

Santa Teresa. Suya y por y por.

San Chavez. Con el mediodía.

Acto III

Con retirado.

Cómo estás.

Muy bien gracias.

Así es como los hombres jóvenes y las cosas. Cuántas uñas hay aquí.

Quién puede intentar.

Ellos pueden ser un poco dejados atrás.

En absoluto.

Como si les gustara mucho vivir solos.

Con retirado.

Qué pueden querer decir con bien muy bien.

Escena Uno

Y visto uno. Muy apropiado.

Santa Teresa. No es lo que es aprehendido lo que es aprehendido lo que es aprehendido lo que es destinado a ser aprehendido.

Escena Uno

San Chavez. En aquel tiempo.
San Ignacio. Y en todos. Entonces y no. Quizá así. Hazlo y vuelve a
hacerlo con ello de una vez a la izquierda y a la derecha.
San Chavez. Izquierda izquierda izquierda derecha izquierda con
lo que es sabido.
San Chavez. Con el tiempo.

Escena II

San Ignacio. Dentro de dentro de dentro de como una boda para ellos
en la mitad de tiempo.
San Ignacio. En particular.
San Ignacio. Llámalo un día.
San Ignacio. Con un agua abierta con dentro con derretido.
San Ignacio. Como si una cuarta clase.

Escena II

Oh, palomas sobre la hierba.
Oh, palomas sobre la hierba.
Hierba corta más larga corta más larga más larga más corta hierba
amarilla. Palomas grandes palomas sobre la más corta más larga hierba amarilla oh palomas sobre la hierba.
Si no fueran palomas qué serían.
Si no fueran palomas sobre la hierba oh qué serían. Él había oído
hablar de un tercero y preguntó por él él era una urraca en el cielo. Si
una urraca en el cielo sobre el cielo no puede llorar si la paloma sobre
la hierba oh puede oh y morir la paloma sobre la hierba oh y la urraca
en el cielo sobre el cielo e intentar e intentar oh sobre la hierba oh la
paloma sobre la hierba la paloma sobre la hierba y oh. Ellos podrían

estar muy bien muy bien muy bien ellos podrían estar ellos podrían estar muy bien ellos podrían estar muy bien muy bien ellos
podrían estar.

Deja a Lucy Lily Lily Lucy Lucy deja a Lucy Lucy Lily Lily Lily Lily
Lily deja a Lily Lucy Lucy deja a Lily. Deja a Lucy Lily.

Escena Uno

San Ignacio y por favor por favor por favor por favor.

Escena Uno

Uno y uno.

Escena Uno

Quizá estén con estén con ellos quizá estén con ellos. Nunca volver a
las distinciones.

Quizá estén con ellos con estén con estén con ellos.

San Ignacio. En orden y en en orden por favor dilo primero en
orden.

San Ignacio y amigos. Cuando es razonado de forma habitual y
haciéndolo ser cuando ellos estaban deseando hace tiempo de manera
insaciable y con resignación dónde dónde mercancía y ropa ropa con
ellos con ellos y dónde dónde estará mientras que mientras que ellos
quizá con ello con ello eliminando de forma individual abandonaron
a ello cuando ello muy buen camino buen y cruzaron cruzaron cui-
dando de forma articulada de lo que tú haces.

Él preguntó por una urraca lejana como si hubiera alguna diferencia.

Él preguntó por una urraca lejana como si él preguntó por una urraca lejana como si eso marcara la diferencia.

Él preguntó como si eso marcara la diferencia.

Él preguntó por una urraca lejana.

Como si eso marcara la diferencia él preguntó por una urraca lejana como si eso marcara la diferencia. Él preguntó como si eso marcara la diferencia. Una urraca lejana. Él preguntó por una urraca lejana. Él preguntó por una urraca lejana.

San Ignacio. Podría ser admirado solo por sí mismo.

San Chavez. San Ignacio podría ser admirado solo por sí mismo y por eso podría ser tanto como cualquiera podría desear.

San Chavez. Por eso podría ser tanto como cualquiera podría desear.

San Chavez. Por eso por podría ser tanto como cualquiera podría desear podría ser que pudiera ser hecho tan fácilmente como porque podría muy como si precisamente porque fueron llevados.

San Ignacio. Abandonado cuando había un precioso pequeño para ser preguntado por los que eran abrumadoramente delicados sobre lo que ellos estaban añadiendo a sí mismos por medio de sus arreglos los cuales podrían ser la causa de que ellos se marcharan y volvieran de nuevo.

Es de vez en cuando mucho lo que a ellos les encanta.

En un minuto.

San Ignacio. En un minuto cuando es gratificación misericordiosa y podría ser con ellos ser con ellos ser con ellos ser ser convertido en ventana.

Visto como visto como.

San Ignacio rodeado por ellos.

San Ignacio y uno de dos.

San Chavez podría estar con ellos entonces. Todos ellos. Podría estar con ellos entonces.

Todos ellos podrían estar con ellos todos ellos entonces.

Podrían estar con ellos entonces todos ellos podrían estar con ellos entonces.

Escena II

Es muy fácil amar solo. Demasiado demasiado. Hay muy dulce muy dulce Henry muy dulce Rene muy dulce muchos muy dulces. Son muy dulces muchos muy dulces Rene muy dulce hay muchos muy dulces.
Hay una diferencia entre Barcelona y Ávila. Qué diferencia.

Escena

Hay una diferencia entre Barcelona y Ávila.
Hay una diferencia entre Barcelona.

Escena IV

Y nada más.

Escena V

San Ignacio. Abandonado a abandonado abandonado a abandonado abandonado a abandonado. Izquierda derecha izquierda izquierda derecha izquierda abandonado a la izquierda.
    Cuando ellos cambian a.
    San Vicente. Autoridad para ello.
    San Gallo. Por este reloj en punto. Por este reloj, por este reloj por este reloj en punto.
    San Ignacio. Fundacionalmente maravillosamente abundantemente ilimitadamente con ello como circunstancia. Fundamentalmente y

los santos fundamentalmente y los santos y fundamentalmente y los santos.

Un Santo. Cuyo ha cuyo ha cuyo ha ordenado necesitando blanco y verde tanto como naranja y con gris y cuánto y tanto y tanto y como circunstancia.

Santa Teresa. Tratando de ser tratando de tratando de de de de. De hacer esto por mí.

San Ignacio. Dos y dos.

Escena V

Vivo.

Escena VI

Con Siete.

Escena VII

Con ocho.

Escena VIII

Palomas comunes y árboles.

Si una generación todo igual entre cuarenta y cincuenta como como. Como fueron y conocieron. Fue ternura y parece. Podría ser tan bueno como malo con en.

Palomas comunes y árboles. Esto es un escenario que es tan pronto que es tan pronto que es tan pronto un escenario común que es tan pronto que es tan pronto y a mediodía.

Santa Teresa. Frente a frente a podría hacer leche cantada cantada cara a cara cara en cara lugar en lugar en lugar de cara a cara. Leche cantada.

San Ignacio. De vez en cuando y dónde y dónde alrededor alrededor es un sonido y alrededor es un sonido y alrededor es un sonido y alrededor. Alrededor es un sonido alrededor es un sonido alrededor es un sonido y alrededor. Alrededor diferente de ungido ahora. Ahora diferente de ungido ahora. Ahora diferente diferente. Ahora diferente de ungido ahora. Ahora cuando hay izquierda y con ello de manera íntegra con ello de manera íntegra resistido dentro de sin con fuera con estirado y en tanto como si esto pudiera estar resistiendo lo que mientras podría podría ser así.

Muchos podrían estar más cómodos. Esto se sabe muy bien ahora. Cuando veas esto acuérdate de mí. Esto fue muy bien sabido por todos.

Poder y deber muy bien hacer. Todo esto está coloreado por paja paja pesada.

Muy cerca con ello con ello pronto pronto como dijo.

Habiendo preguntado además a los suyos en vez de.

Una vez en un minuto.

En un minuto.

Uno dos tres como son son y son son son ser son con ellos son con ellos son con ellos con son con son con con ello.

Escena IX

Dejando un alfiler en dejando deja en deja en en en en en deja en deja en la humedad en la boda en la muerte en la muerte boda guía en guía boda muerte en muerte en guía en boda en dijo en dijo guía boda muerte boda muerte dijo guía guía dijo boda muerte boda muerte guía en guía en boda en boda en dijo en boda en guía en dijo en muerte en muerte boda dijo guía guía dijo boda muerte en. Eso hace ellos han podido amable encontrar multado cuando esto hace de forma arbitraria que esto sea lo que es quizá ellos pueden esto bastante bien ser añadidos a en esto a la hora en que ellos pueden dejar azucarados como con con ello por la izquierda de ello con con en en lo más divertido en unión.

A través a través a través acoplado a través deslizado a través deslizado deslizado deslizado deslizado a través. Ellos se deslizaron a través.

Si ellos están entre los treinta y los treinta y cinco y vivos quién les hizo ver el sábado.

Entre los treinta y cinco y los cuarenta y cinco entre los cuarenta cinco y tres cinco como entonces cuando cuando ellos tenían cuarenta y cinco y treinta cinco cuando entonces ellos tenían cuarenta cinco y treinta cinco cuando ellos tenían entonces cuarenta cinco y treinta cinco y treinta dos y conseguir dejar aliviar y recibir su asombro. Iban ellos a ser abandonados a hacer a hacer así como ellos hacen el mal quiero decir quiero decir.

Abandonados a su en su a su a ser su a estar allí todo su a estar allí todo su todo su tiempo a estar allí a estar allí todo su a estar todo su tiempo allí.

Con boda guía dijo con guía muerte dijo con muerte guía dijo con dijo muerte guía boda dijo boda muerte guía muerte guía dijo boda.

Con estar allí todo su todo su tiempo allí estar allí vid hay vid tiempo hay allí tiempo allí todo su tiempo allí.

Déjalo estar porque si ellos estaban añadiendo añadiendo viene astutamente a ser además astutamente en el sentido de atraer atraer en el sentido de añadir añadir en el sentido de ser ventana y ser ventana y marcos y palomas y árboles comunes y mientras mientras lejos.

Acto III

Hizo él hicimos nosotros hicimos nosotros e hizo él hizo él hizo él hizo hizo él hizo hizo hizo él hizo hizo él hizo estar de manera categórica e hizo él hizo él hizo él hizo él hizo él en interrupción interrupción interrumpidamente abandonar dejando déjalo ser ser todo para mí para mí fuera y más fuera y esto y esto con en de hecho hecho y establecido y trabajo establecido.

San Fernando cantando con fervor.

Cantando cantando está cantando está cantando está cantando está cantando entre entre cantando está cantando está entre cantando está.

Signo y suyo. Cantando el suyo y cantando el mío.

Con un estante y sería igual como ya durante un rato y un vistazo un vistazo de estar muy cerca abandonado a estar solo.

Uno en en el momento hacen dos en un momento hace uno en un momento y estar allí donde donde allí allí donde donde allí.

San Ignacio. Pudiera ser porque ellos fueron después de todo después de todo quienes vinieron. Cien y cincuenta y uno y una mitad y una mitad y después y después y después y todo. Con todo ello.

San Chavez. Una bola podría ser menos que una.

Todos juntos uno y uno.

Acto IV

Cuántos actos hay aquí. Actos hay aquí.

Suponiendo que una rueda fuera añadida a tres ruedas cuántos actos cuántos cuántos actos hay aquí.

Ningún Santo en absoluto.

Cuántos actos hay aquí.

Cuántos santos en total.

Cuántos actos hay aquí.

Un anillo alrededor de una rosa.

Cuántos actos hay aquí.

Casado y desmalezado.

Por favor ven a verme.

Cuando veas esto serás todo para mí.

Yo que es tú tú que eres verdad verdad para ser tú.

Cuántos cuántos santos hay aquí.

Uno dos tres todos fuera excepto yo.

Uno dos tres cuatro todos fuera excepto el cuatro.

Cuántos santos hay aquí.

Cuántos santos hay aquí.

Uno dos tres cuatro y no hay puerta. O más. O más. O puerta. O suelo o puerta. Uno dos tres todos fuera excepto yo. Cuántos santos hay aquí.

Santos y todos ven fuera excepto yo.

Cuántos santos hay aquí.

Cuántos santos hay aquí. Uno dos tres cuatro todos fuera excepto el cuatro uno dos tres cuatro cuatro cuatro o cuatro o más.

Más o cuatro.

Cuántos Actos hay aquí.

Cuatro Actos.

Acto cuatro.

Estimulados por esto entonces cuando ellos pudieron ser por las terceras palabras rosa eglantina y por esto querer decir que sentir esto como la mayoría cuando lo sienten también estar casi perdidos para observar en el tiempo en el tiempo y preocuparse preocuparse por ellos. Déjanos llegar a esta orilla.

Las hermanas y los santos montando y representando por qué se marcharon para quedarse.

Uno a la vez regularmente regularmente cuando ellos están en y y en uno a a la hora regularmente muy bastante mejor que ellos vinieron como vinieron y dónde dónde estarán ellos deseando quedarse aquí aquí dónde están están aquí aquí dónde están están están aquí.

San Chavez. Las envolturas están sobre todas las frutas de los árboles frutales.

Escena II

San Chavez. Recordado como conocido.

San Ignacio. Destinado a enviar, y destinado a enviar y destinado destinado a distinguir entre enviar y se fue y final y remiendo y muy cerca uno de dos.

San Cecilio. Con esto y ahora.

San Plan. Hecho esto con con en con retirada.

Escena III

Deja todo acto como si ellos se hubieran ido.

Escena IV

San Felipe. Con ellos y todavía.

San Cecilio. Ellos harán ellos harán.

Santa Teresa. Empieza a rastrear empieza a correr empieza a colocar empieza y en en eso eso es por eso es que es abandonada como puede puede que siga junio y junio sigue a la luna y la luna sigue pronto y es terminada muy pronto con pan.

San Chavez. Quién puede pensar que ellos pueden dejármelo aquí a mí.

Cuando veas esto acuérdate de mí.

Ellos tienen que estar.

Ellos tienen que estar.

Ellos tienen que estar que ver.

Ver decir.

Literalmente ellos pueden.

Escena V

Quién hace quién hace ello hace.

Santa Teresa y Santa Teresa también.

Quién y quién se preocupa.

San Chavez para preocuparse.

San Chavez para preocuparse.

Quién puede ser lo que es cuando es en vez de.

San Plan San Plan poder decir decir dos pueden y se inclinaron.

Quién hace ser lo que ellos tenían de porcelana.

San Ignacio e izquierda y derecha justo alineadas de lado.

Todos los Santos.

A los Santos.

Cuatro Santos.

Y los Santos.

Cinco Santos.

A los Santos.

Último Acto.
Que ya es un hecho.

Currículums de la editora y los traductores

Ana Contreras Elvira es directora de escena, investigadora teatral y profesora titular del Departamento de Dirección Escénica de la RE-SAD, institución donde se licenció como directora de escena y dramaturga. Doctora en Estudios Teatrales por la Universidad Complutense de Madrid, cursó también la carrera de Derecho.

Ha sido presidenta de la Asociación Internacional de Teatro del Siglo XXI, y creadora y directora artística del Festival Místicas de Teatro Contemporáneo de Madrid. Actualmente es socia cofundadora de la compañía La Otra Arcadia, directora de la revista *Acotaciones,* de las colecciones RESAD Contemporáneos, Biblioteca Temática RESAD y Legado y de la colección de Artes Escénicas de Ediciones Complutense; así como cofundadora del Grupo de Investigación de Feminismos y Estudios de Género y de las Jornadas de Teatro y Feminismos, ambos en la RESAD.

Sus líneas de investigación se centran en la pedagogía artística, las últimas tendencias del teatro contemporáneo, el teatro del siglo XVIII, el teatro conventual medieval, y, sobre todo, la relación entre lo teatral, lo ético y lo político con perspectiva feminista y decolonial. Entre sus últimos espectáculos como directora de escena figuran: *Aromas de soledad, Me trataste con olvido* y *Vano fantasma de niebla y luz,* todos de Raúl Losánez con su compañía La Otra Arcadia; *Il Giocatore* y *Los locos,* de Félix Máximo López; *Malas y más, Políticas, artistas y pastoras en* la corte de Alfonso X, con dramaturgia propia, y *Érase un GI Joe en la Cólquide de Uganda,* de Paloma Arroyo.

Julio Escalada es actor, autor y director teatral, profesor en el departamento de Escritura y Ciencias Teatrales de la RESAD, vocal de la junta directiva de la asociación Autoras y Autores de Teatro (AAT) y miembro fundador de la Academia de las Artes Escénicas de España. Ha escrito obras como *Mutis*, estrenada bajo el título *Te vas, me dejas y me abandonas;* la tetralogía *Cuatro estaciones: Primavera* (mención especial del jurado del Premio Nacional de Literatura Dramática Calderón de la Barca, 1999), *Verano, Otoño* e *Invierno* (Premio SGAE de Teatro, 2003); *Sois la bomba; En el borde* y *El peso de la religión* (Premio al Espectáculo Teatral, 2019). Ha versionado obras como *Una mujer sin importancia* de Oscar Wilde; *Vidas privadas* de Noel Coward; *La tía de Carlos* de Brandon Thomas; *Lo que vio el mayordomo* de Joe Orton o *La señora y la criada* de Calderón, para la Compañía Nacional de Teatro Clásico. Y dirigido las piezas *El pato a la naranja* de W. Douglas-Home y G. Sauvajon e *Infidelidad* de Chazz Palmintieri, entre otras.

Ha prologado y editado los títulos *El caballero de Olmedo* (Bolchiro) y *Disparates* de Llorenç Villalonga (número 411 de esta misma colección); y es autor del manual *Escribir teatro paso a paso* (Fundamentos).

Lola Fernández de Sevilla es licenciada en Dramaturgia por la RE-SAD y doctora en Filosofía por la Universidad Complutense. Discípula de dramaturgos como Suzanne Lebeau, Martin Crimp y José Sanchis Sinisterra, ha escrito y participado en proyectos de teatro adulto, y en la creación e investigación de teatro infantil.

Ha recibido varios premios como el de Les Filanderes de Langreo por su cuento "Cosas que hace Lucía", el VIII Premio Juan Cervera de Investigación sobre Teatro para la Infancia y la Juventud de ASSITEJ-España, por el ensayo *Ogros, espinacas y demás... Cómo contar lo terrible a niñas y niños en el teatro* o el Premio de Teatro Infantil de la Escuela Navarra en las ediciones de 2019 con *Irse de casa (Mapa-poema para niñas que se portan mal)* y de 2023 con *M (Monstruo)*, escrita gracias a la obtención de la residencia artística de la Fira de Teatre Infantil i Juvenil de les Illes Balears (FIET). En 2014 fue becada por el Centro Dramático Nacional para participar en el Obrador Internacional de la Sala Beckett de Barcelona; y en 2019, en el Programa de Ayudas para la Creación de Textos Teatrales de la Comunidad de Madrid.

Ha colaborado con las revistas *Acotaciones, Primer Acto* y *Pikara Magazine* y es coordinadora de la escuela de escritura Las Hedonistas. Desde 2008 escribe el blog lamujerque.blogspot.com. En editorial Fundamentos ha publicado sus obras *La tormenta* y */Desayuno/*.